Kauderwelsch
Band 112

© DK

Cārminār, Hyderabad

Impressum

Daniel Krasa
Urdu für Pakistan und Indien – Wort für Wort
erschienen im
REISE KNOW-HOW Verlag Peter Rump GmbH
Osnabrücker Str. 79, D-33649 Bielefeld
info@reise-know-how.de

3. Auflage 2015

Bearbeitung & Layout Claudia Schmidt
Layout-Konzept Günter Pawlak, FaktorZwo! Bielefeld
Umschlag Peter Rump
Kartographie Iain Macneish
Fotos Daniel Krasa (DK), Fotografen@Fotolia.com (Nachweis am jeweiligen Foto)
Druck und Bindung Werbedruck GmbH Horst Schreckhase, Spangenberg

ISBN 978-3-8317-6442-6
Printed in Germany

Dieses Buch ist erhältlich in jeder Buchhandlung Deutschlands, Österreichs, der Schweiz und der Benelux-Staaten. Bitte informieren Sie Ihren Buchhändler über folgende Bezugsadressen:
Deutschland Prolit GmbH, Postfach 9, 35461 Fernwald (Annerod) sowie alle Barsortimente
Schweiz AVA-buch 2000, Postfach 27, CH-8910 Affoltern
Österreich Mohr Morawa Buchvertrieb GmbH Sulzengasse 2, A-1230 Wien
Belgien & Niederlande Willems Adventure, www.willemsadventure.nl
direkt Wer im Buchhandel kein Glück hat, bekommt unsere Bücher zuzüglich Porto- und Verpackungskosten auch direkt über unseren Internet-Shop: ***www.reise-know-how.de***
Zu diesem Buch ist ein **AusspracheTrainer** erhältlich, oder als **MP3-Download** unter ***www.reise-know-how.de*** oder auf **Audio-CD** in jeder Buchhandlung Deutschlands, Österreichs, der Schweiz und der Benelux-Staaten.
Der Verlag möchte die **Reihen Kauderwelsch** weiter ausbauen und **sucht Autoren!**
Mehr Informationen finden Sie unter
www.reise-know-how.de/verlag/mitarbeit

Kauderwelsch

Daniel Krasa

Urdu für Pakistan und Indien

Wort für Wort

Zu diesem Buch
ist ein AusspracheTrainer
als MP3-Download erhältlich:
www.reise-know-how.de

Auch als Audio-CD
im Buchhandel:
ISBN 978-3-8317-6192-0

REISE KNOW-HOW
im Internet
www.reise-know-how.de
info@reise-know-how.de

Aktuelle Reisetipps und Neuigkeiten, Ergänzungen nach Redaktionsschluss, Büchershop und Sonderangebote rund ums Reisen

Kauderwelsch-Sprachführer sind anders!

Warum? Weil sie Sie in die Lage versetzen, wirklich zu sprechen und die Leute zu verstehen.

Wie wird das gemacht? Abgesehen von dem, was jedes Sprachbuch bietet, nämlich Vokabeln, Beispielsätze usw., zeichnen sich die Bände der Kauderwelsch-Reihe durch folgende Besonderheiten aus:

Die **Grammatik** wird in einfacher Sprache so weit erklärt, dass es möglich wird, ohne viel Paukerei mit dem Sprechen zu beginnen, wenn auch nicht gerade druckreif.

Alle Beispielsätze werden doppelt ins Deutsche übertragen: zum einen **Wort-für-Wort,** zum anderen in „ordentliches“ Hochdeutsch. So wird das fremde Sprachsystem sehr gut durchschaubar. Denn in einer fremden Sprache unterscheiden sich z. B. Satzbau und Ausdrucksweise recht stark vom Deutschen. Ohne diese Übersetzungsart ist es so gut wie unmöglich, schnell einzelne Wörter in einem Satz auszutauschen.

Die **Autorinnen** und **Autoren** der Reihe sind Globetrotter, die die Sprache im Land selbst gelernt haben. Sie wissen daher genau, wie und was die Leute auf der Straße sprechen. Deren Ausdrucksweise ist nämlich häufig viel einfacher und direkter als z. B. die Sprache der Literatur oder des Fernsehens.

Besonders wichtig sind im Reiseland **Körpersprache, Gesten, Zeichen** und **Verhaltensregeln,** ohne die auch Sprachkundige kaum mit Menschen in guten Kontakt kommen. In allen Bänden der Kauderwelsch-Reihe wird darum besonders auf diese Art der nonverbalen Kommunikation eingegangen.

Kauderwelsch-Sprachführer sind keine Lehrbücher, aber viel mehr als traditionelle Sprachführer! Wenn Sie ein wenig Zeit investieren und einige Vokabeln lernen, werden Sie mit ihrer Hilfe in kürzester Zeit schon Informationen bekommen und Erfahrungen machen, die „sprachlosen“ Reisenden verborgen bleiben.

Inhalt

Anhang

Tradition und Moderne, Hyderabad

Vorwort

Von den Höhen des Hindukusch und des Karakorum bis zum Arabischen Meer, von der Wüste Beludschistans bis zu den fruchtbaren Tälern des Pandschab, Pakistan ist ein traumhaft schönes und unglaublich spannendes Land. Obwohl es von 1856 bis 1947 eine britische Kronkolonie war, wird Englisch nur von den „gebildeten" Menschen gut gesprochen. Nichtsdestotrotz gibt es aber eine gute Nachricht, und zwar hat Pakistan trotz der etwa 60 gesprochenen Sprachen und Dialekte eine übergreifende Verkehrssprache: das Urdu.

Ob also in Gilgit, Karachi, Gwadar oder Multan – wer wirklich mit den Leuten kommunizieren will, kommt um ein paar Brocken Urdu nicht herum. Und nicht nur in Pakistan, sondern auch in einem großen Teil Indiens können Sie sich in Urdu verständigen.

Wenn die fremde Sprache auch zuerst schwierig wirkt, werden die Menschen Ihre Bemühungen hoch schätzen.

Viel Spaß wünscht

Daniel Krasa

Hinweise zur Benutzung

Der Sprachführer Urdu gliedert sich in die drei wichtigen Hauptabschnitte *Grammatik*, *Konversation* und *Wörterliste*.

Grammatik

Die Grammatik beschränkt sich auf das Wesentliche und ist so einfach gehalten wie möglich. Deshalb sind auch nicht alle Ausnahmen und Unregelmäßigkeiten der Sprache erklärt. Wer nach der Lektüre dieses Büchleins tiefer in die Grammatik des Urdu eindringen möchte, findet im Anhang Hinweise auf weiterführende Literatur.

Konversation

In diesem Teil finden Sie Sätze aus dem Alltagsgespräch, die Ihnen einen ersten Eindruck davon vermitteln sollen, wie Urdu „funktioniert", und die Sie auf das vorbereiten sollen, was Sie später in Pakistan und Indien hören werden. Benutzen Sie die Beispielsätze auch als Satzschablonen und -muster, die Sie selbst Ihren Bedürfnissen anpassen.

Wort-für-Wort-Übersetzung

Jedem Wort in Urdu entspricht ein Wort in der Wort-für-Wort-Übersetzung.

Damit Sie die Wortfolge des Urdu in den Beispielsätzen nachvollziehen können, ist eine Wort-für-Wort-Übersetzung in kursiver Schrift ergänzt. Wird ein Wort im Urdu im Deutschen durch zwei Wörter übersetzt, sind diese in der Wort-für-Wort-Übersetzung durch einen Bindestrich verbunden, z. B.:

tum āoge.	**kitnā hogā?**
du kommen-wirst(m Mz)	*wie-viel sein-wird(m)*
Du wirst kommen.	Wie viel wird das sein?

Werden in einem Satz mehrere Wörter angegeben, die man untereinander austauschen kann, steht ein Schrägstrich.

resṯoranṯ / ģusalxānā kahāñ hai?
Restaurant(m) / Toilette(m) wo ist
Wo ist ein Restaurant / die Toilette?

Persönliche Fürwörter, Haupt- und Eigenschaftswörter können im Urdu gebeugt werden. Es gibt neben dem 1. Fall (ungebeugt) jedoch nur einen weiteren Beugungsfall. Der Zusatz „*(g)*" kennzeichnet gebeugte Wörter. Die Kennzeichnung „*[g]*" bedeutet, dass ein Wort an dieser Stelle aufgrund der Grammatikregeln zwar gebeugt werden muss, in diesem speziellen Fall aber wegen seiner lautlichen Beschaffenheit nicht gebeugt ist.

is hafte meñ
diesem Woche(g) in
in dieser Woche

xūsh qismatī se!
glücklich schicksalshaft[g] von
Gott sei Dank!

Hören Sie sich Ausprachebeispiele mit Ihrem Smartphone an! Ausgewählte Kapitel im Konversationsteil sind dafür mit einem QR-Code ausgestattet. Wer kein Smartphone hat, kann sich die Sätze auch auf unserer Webseite anhören: www. reise-know-how.de/ kauderwelsch/112

Bei „Mir / mich, dir / dich" usw. steht das „(g)" in der Wort-für-Wort-Zeile aber nicht.

Abkürzungen

m / w	männlich / weiblich
Ez / Mz	Einzahl / Mehrzahl
(g)	gebeugtes Wort
[g]	das hier verwendete Wort wird nur aufgrund seiner lautlichen Beschaffenheit nicht gebeugt
(-)	weist darauf hin, dass nur der Verbstamm verwendet wird
it	intransitives Tätigkeitswort
[...]	englisches Originalwort

Bei aus dem Englischen entlehnten Wörtern wird das englische Originalwort in eckigen Klammern ergänzt.

Mit Hilfe der Wort-für-Wort-Übersetzung können Sie die Beispielsätze leicht Ihren eigenen Bedürfnissen anpassen, auch wenn das Ergebnis nicht immer perfekt ist.

Wörterlisten

Die Wörterlisten am Ende des Buches helfen Ihnen dabei. Sie enthalten einen Grundwortschatz Deutsch-Urdu und Urdu-Deutsch von je ca. 1000 Wörtern, mit denen man schon eine Menge anfangen kann.

Umschlagklappe

Die Umschlagklappe hilft, die wichtigsten Sätze und Formulierungen stets parat zu haben. Hier finden sich schnell die wichtigsten Angaben zur Aussprache und eine kleine Liste der wichtigsten Fragewörter, Richtungs- und Zeitangaben. Aufgeklappt ist der Umschlag eine wesentliche Erleichterung, da nun die gewünschte Satzkonstruktion mit dem entsprechenden Vokabular aus den einzelnen Kapiteln kombiniert werden kann. Wenn alles nicht mehr weiterhilft, dann ist vielleicht das Kapitel „Nichts verstanden? – Weiterlernen!“ der richtige Tipp. Es befindet sich ebenfalls im Umschlag, stets bereit, mit der richtigen Formulierung für z. B. „Ich habe leider nicht verstanden.“ oder „Wie bitte?“ auszuhelfen.

Seitenzahlen

Um Ihnen den Umgang mit den Zahlen zu erleichtern, wird auf jeder Seite die Seitenzahl auch auf Urdu in Lautschrift angegeben!

Über die Sprache

Urdu ist eine indoeuropäische Sprache, die auch dem Deutschen oder dem Englischen in einem gewissen Masse ähnlich ist.

Urdu ist eine der 24 offiziellen Sprachen Indiens und seit der Teilung des Subkontinents in Indien und Pakistan die offizielle Amtssprache Pakistans. Vor allem dort ist es Unterrichtssprache und somit so gut wie allen Personen zumindest verständlich. Urdu entstand etwa im 12. Jahrhundert, als islamische Eroberer im Gebiet des heutigen Delhi einzogen und sich die Sprache der dort ansässigen Bevölkerung aneigneten. Da die Eroberer meist Persisch und diverse Turksprachen verwendeten, entstand schnell eine Mischsprache zwischen diesen und dem örtlichen Dialekt Delhis. Seitdem entstand eine blühende Literatur, die vor allem durch das Persische beeinflusst wurde. Aus diesem Grund fanden immer mehr persische, und über das Persische auch arabische Lehnwörter Eingang ins Urdu. Dies ist auch der Hauptunterschied zum Hindi, wenn auch ein Großteil des Grundwortschatzes vollkommen identisch ist. In der Grammatik hingegen zeigen Urdu und Hindi keine wesentlichen Unterschiede.

Laut neuesten Zählungen sprechen 58 Millionen Menschen Urdu als Muttersprache. Wahrscheinlich beherrschen aber etwa 150 bis 200 Mio. Menschen Urdu als Zweitsprache.

Das Wort urdū *selbst kommt ursprünglich aus dem Türkischen und heißt so viel wie „Lagerplatz". Die Idee dahinter ist also „Sprache, die im Heerlager gesprochen wird".*

Die Hindus ersetzten in ihrem Bemühen um eine eigene Verkehrssprache die arabischen und persischen Lehnwörter durch solche des Sanskrit. Diese neu entstandene Spra-

Laut neuesten Zählungen sprechen 70 Millionen Menschen Urdu als Muttersprache. Man kann davon ausgehen, dass etwa 150 bis 200 Millionen Menschen Urdu als Zweitsprache beherrschen.

In einer einfachen Konversation gibt es zwischen Urdu und Hindi keinen Unterschied, da sich beide des persisch-arabischen Vokabulars bedienen.

che heißt bis heute Hindi. Insgesamt wirkt Hindi „aufgeschlossener", da es sowohl über aus dem Sanskrit stammende Wörter verfügt als auch über persische und arabische Wörter, die je nach Situation verwendet werden. Ausgesprochene Urdu-Zentren in Indien sind Delhi, Agra, Lucknow und Hyderabad. Durch die große Zahl an Pakistanis und Indern im Ausland kann Urdu in Ostafrika, den Staaten des Persischen Golfs, in den USA und Europa, aber auch in Afghanistan, Bangladesch oder Nepal gleichermaßen hilfreich sein.

Führt man ein einfaches Gespräch mit einem Hindi-Sprecher auf Urdu, nimmt dieser an, es sei Hindi, und umgekehrt. So könnte man im Prinzip zu den Sprecherzahlen des Urdu noch etwa 350 bis 400 Millionen Hindi-Sprecher dazuzählen.

die Sprachen Pakistans

In Pakistan gibt es eine Menge verschiedener Sprachen und Dialekte. Urdu wird als Muttersprache nur von etwa 8 % der gut 180 Millionen Pakistanis gesprochen. Als übergreifende Verkehrssprache ist es aber der Mehrheit der Pakistanis verständlich. Die vier sonstigen offiziellen Regionalsprachen sind Pandschabi im Pandschab, Sindhi in der Provinz Sindh, Beludschi in Beludschistan und Paschto im Nordwesten (Khyber Pakhtunkhwa). Daneben spricht man eine Vielzahl von Sprachen in den Tälern der nördlichen

IRAN
AFGHANISTAN
Islamabad
Kashmir
500 km
VR CHINA
PAKISTAN
Lahore
Delhi
NEPAL
Agra
Lucknow
Karachi
BANGLADESH
Kalkutta
INDIEN
Mumbai
(Bombay)
Hyderabad
Arabisches
Meer
Golf von
Bengalen
SRI LANKA
Urdu
Offizielle Regionalsprache
Kooffzielle Regionalsprache
Wird von Muslimen gesprochen und von Hindus verstanden

Bergregion: Balti, Buruschaski, Kaschmiri, Khowari und Schina, um nur einige zu nennen. Im Gebiet von Quetta und Kalat in Beludschistan wird noch eine drawidische Sprache namens Brahui gesprochen. Die Drawiden sind die Ureinwohner des Subkontinents und sind sonst nur mehr im Süden Indiens beheimatet (z. B. die Tamilen).

Die englische Sprache ist aus Indien und Pakistan nicht mehr wegzudenken. Viele Pakistanis und Inder studieren auf Englisch und beherrschen es dementsprechend perfekt. In den Städten entstand eine Art Mischsprache aus Urdu und Englisch, die sehr unkonventionell englische Lehnwörter in die Alltagssprache miteinfließen lässt. Der Vorteil für den Anfänger ist, dass man nach Belieben englische Wörter benutzen kann, wenn man z. B. gerade den Begriff auf Urdu nicht parat hat. Keinem Einheimischen wird das negativ auffallen, und jeder wird Sie verstehen.

Viele gleich lautende Buchstaben kommen aus dem Arabischen oder Persischen und haben in den Ursprungssprachen eine jeweils leicht unterschiedliche Aussprache. Im Urdu wurde diese allerdings vereinfacht, die originalen Schreibweisen aber beibehalten.

die Schrift

Urdu wird seit dem 16. Jahrhundert in einer Variante der arabischen Schrift, Nasta'līq genannt, ebenfalls von rechts nach links geschrieben. Hindi hingegen wird in der Devanāgarī-Schrift von links nach rechts geschrieben und verfügt über mehr Zeichen als Nasta'līq. Sie wird heute zum Schreiben der Sprachen Hindi, Nepali, Marathi und natürlich Sanskrit verwendet.

Grundsätzlich werden im Urdu nur die langen Selbstlaute (Vokale) geschrieben. Diese werden in unserer Lautschrift durch einen Balken ¯ über dem entsprechenden Lautbuchstaben (ā, ī, ū) kenntlich gemacht. Die kurzen Selbstlaute werden im Urdu nicht geschrieben. Die Vokale ai und e schreibt man am Ende eines Wortes folgendermaßen: ے
Das au in der Wortmitte sieht wie der Buchstabe vāo aus, also: و.

Urdu	Laut	Name	Urdu	Laut	Name
ء	'	hamza	ش	sh	shīn
أ	ā	alif	ص	s	svād
ب	b	be	ض	z	zād
پ	p	pe	ط	t	to'e
ت	t	te	ظ	z	zo'e
ٹ	t̲	t̲e	ع	'	'ein
ث	s	se	غ	ǵ	ǵein
ج	j	jīm	ف	f	fe
چ	c	cīm	ق	q	qāf
ح	h	he bar̲ī	ک	k	kāf
خ	x	xe	گ	g	gāf
د	d	dāl	ل	l	lām
ڈ	d̲	d̲āl	م	m	mīm
ذ	z	zāl	ن	n	nūn
ر	r	re	ں	ñ	nūn
ڑ	r̲	r̲e	ہ	h	he chot̲ī
ز	z	ze	و	v, ū	vāo
س	s	sīn	ی	y, ī	ye

Von der Lautschrift lässt sich nicht eindeutig auf das Urdu-Zeichen schließen, da einige Buchstaben gleich ausgesprochen werden und dementsprechend in der Lautschrift auch nur ein einziger Buchstabe dafür verwendet wird.

Aussprache & Betonung

Um die Beispielsätze ohne Kenntnis der arabischen bzw. Nasta'līq-Schrift sofort ablesen zu können, wird hier eine Lautschrift mit lateinischen Buchstaben verwendet, die weitgehend der international üblichen entspricht.

Die folgenden Buchstaben(kombinationen) werden eventuell anders als im Deutschen erwartet ausgesprochen.

Bei retroflexen Lauten wird die Zunge jeweils nach innen gerollt und aufwärts gegen das Gaumendach gedrückt.

Mitlaute

'	ein „Stimmabsatz", bei dem eine kleine Pause gemacht wird, um zwei Laute klar voneinander zu trennen, wie in „ent'eisen" oder „ver'ändern". **rā'ie** (Meinung)
d	einfaches „d" wie in „**D**onau" **dard** (Schmerz)
d̠	ein retroflexes „d" **d̠āk** (Post)
t	einfaches „t" wie in „**T**eig" **kuttā** (Hund)
t̠	ein retroflexes „t" **t̠āñg** (Bein)
y	„j" wie in „**J**ahr" **yahāñ** (hier)
j	stimmhaftes „dsch" wie in „**Dsch**ungel" **jānā** (gehen)
c	stimmloses „tsch" wie in „**Tsch**ad" **cāqū** (Messer)

h	deutlich gehauchtes „h" wie in „**h**allo" **hukūmat** (Regierung) **khānā** (Essen) **bhāī** (Bruder) **choṯā** (klein)
x	raues „ch" wie in „Kra**ch**" **xubsūrat** (schön)
r	gerolltes Zungen-r wie im Italienischen **roz** (Tag)
ṟ	ein „r", bei dem die Zunge nach innen gerollt wird und den Gaumen berührt, ähnlich dem amerikan. „r" in „g**r**eat" **paṟhnā** (lesen; lernen)
z	stimmhaftes „s" wie in „**S**auna" **azān** (Gebetsruf)
s	stimmloses „s" wie in „Bu**s**" **aksar** (oft) **sau** (hundert)
sh	wie „sch" in „**Sch**ule" **shukriyā** (danke)
ǵ	ein dumpf in der Kehle gesprochenes „r". Es klingt, als würde man ein im Gaumen geriebenes (also nicht geroll-tes!) r und ein x gleichzeitig sprechen. **ǵamgīn** (traurig)
q	dumpfes, weit hinten im Rachen gesprochenes „k" **qurān sharīf** (Koran)
ñ	ñ bewirkt, dass der vorangehende Selbstlaut nasal ausgesprochen wird, etwa wie im französischen „réduct**ion**" („n" nicht als Mitlaut mitgesprochen!) **maiñ hūñ** (ich bin)

h *kommt auch in Kombinationen mit anderen Mitlauten vor und bewirkt, dass der vorherige Buchstabe leicht verlängert und behaucht (eben mit nachfolgenden „h") gesprochen wird.*

Der Stimmabsatz ', q und ǵ kommen vor allem in persisch-arabischen Lehnwörtern vor.

v	Übergangslaut zwischen „w" und „u" wie im englischen „**w**hat" (also nicht deutsches „w" oder „v"!). Dieser Laut klingt auch oft einfach wie ein langes „u", z. B. in „**U**hr" (vgl. **ū**) **vālid** (Vater)

Selbstlaute

Die Selbstlaute (Vokale) können sowohl lang als auch kurz ausgesprochen werden.

Einige Laute könnte man ohne weiteres verdeutschen (z. B. v, ai, au*), aber dies würde es erschweren, in Lautschrift verfasste Wörterbücher zu benutzen.*

a	kurzes „a" wie in „d**a**nn" **das** (zehn)
ai	kurzes „ä" wie in „B**ä**lle" **voh hai** (er ist)
au	ganz kurzer Laut zwischen „o" und „au" wie im französischen „**au**" (also nicht wie das deutsche „au"!) **qaum** (Volk, Nation)
ā	langes „a" wie in „M**a**l" **bolnā** (sprechen)
e	„e" wie in „T**ee**" **lekin** (aber)
i	kurzes „i" wie in „b**i**tte" **musāfir** (Tourist)
ī	langes „i" wie in „L**ie**be" **jaldī** (schnell)
o	langes „o" wie in „M**o**hn" **voh** (er, sie)
ū	Dieser Laut klingt einfach wie ein langes „u", z. B. in „**U**hr" **urdū** (Urdu)

Betonung

Die Betonung eines Wortes fällt in der Regel auf einen langen Selbstlaut (ā, ī, ū), außer wenn ein solcher ganz am Ende des Wortes steht. Kommen in einem Wort zwei lange Selbstlaute vor, wird der letztere von beiden betont. Gibt es keinen langen Selbstlaut, wird der erste kurze betont.

tarīqa	Sitte, Brauch
tārīx	Datum, Geschichte
da'vat	Einladung

Lange Selbstlaute am Wortende werden praktisch nie betont. Dies gilt gerade auch für die Grundformendung von Tätigkeitswörtern (-nā) sowie für den Auslaut von Haupt- und Eigenschaftswörtern. Diese ziehen nicht die Wortbetonung auf sich.

banānā	machen
karnā	tun, machen
nānā	Großvater *(mütterl.)*

englische Lehnwörter

Im Urdu findet man viele Wörter aus dem Englischen. Wenn in diesem Buch ein solches aufgeführt wird, wird die originale Schreibweise in eckigen Klammern mitangegeben

pensil [pencil]	Bleistift

Kauderwelsch-AusspracheTrainer

Falls Sie sich die wichtigsten Sätze auf Urdu, die in diesem Buch vorkommen, einmal von einem Einheimischen gesprochen anhören möchten, brauchen Sie den ***AusspracheTrainer*** *zu diesem Buch. Sie bekommen ihn als* ***MP3-Download*** *über unseren Internetshop* ***www.reise-know-how.de*** *oder auf* ***Audio-CD*** *in Ihrer Buchhandlung. Alle Sätze, die Sie auf dem* ***AusspracheTrainer*** *hören können,sind in diesem Buch mit einem Ohr (👂) gekennzeichnet.*

Wörter, die weiterhelfen

Die folgenden Wendungen und Vokabeln werden Sie sicher häufig brauchen, Sie brauchen dafür keine Grammatikkenntnisse und können sofort mit dem Sprechen beginnen.

Vor allem die Floskeln für „bitte", „danke" und „Verzeihung" sind sozusagen überlebenswichtig.

zarā batāīe ...	Entschuldigung ... *(als Frageeinleitung)*
m'āf kījīe!	Verzeihung!
mihrbānī karke!	Bitte! *(um etw. bitten)*
shukriya!	Danke!

Gibt es ...?

... milegā?
... finden-wird
Gibt es ...?

ṯikaṯ [ticket] **milegā?**
Ticket finden-wird
Gibt es ein Ticket?

aspatāl [hospital] **milegā?**
Krankenhaus finden-wird
Gibt es ein Krankenhaus?

hāñ, milegā!
ja finden-wird
Ja, gibt es.

nahīñ milegā!
nicht finden-wird
Nein, gibt es nicht.

Wo ist / gibt es ...?

... kahāñ hai?
... wo ist
Wo ist ...?

hoṯal [hotel] **kahāñ milegā?**
Hotel wo finden-wird
Wo gibt es ein Hotel?

bas isṯāp [bus stop] **kahāñ hai?**
Bus Stopp wo ist
Wo ist die Bushaltestelle?

lefṯ [left], **bāyāñ**	links
rayṯ [right], **dāyāñ**	rechts
sidhā	geradeaus
yahāñ – vahāñ	hier – dort

Ich suche ...

maiñ ... ḏhūnḏ rahā / rahī hūñ.
ich ... suchen(-) blieb(m/w) bin
Ich suche nach ... *(sagt Mann / Frau)*

maiñ davāxanā ḏhūnḏ rahā / rahī hūñ.
ich Apotheke suchen(-) blieb (m/w) bin
Ich suche nach einer Apotheke.
(sagt Mann / Frau)

Beachten Sie: Hier sind eine männliche und weibliche Variante des Tätigkeitswortes angegeben. Dabei spricht – weil es sich um Ich-Sätze handelt – ein Mann nur die männliche Variante, eine Frau dagegen die weibliche Variante.

Wie viel kostet ...?

is kī qīmat kyā hai?
dieser(g) von Preis(w) was ist
Wie viel kostet das?

us kī qīmat ... hai.
jener(g) von Preis(w) ist
Das (da) kostet ...

is ṯikaṯ [ticket] **kī qīmat kyā hai?**
diese Fahrkarte(m)[g] von Preis(w) was ist
Was kostet die Fahrkarte?

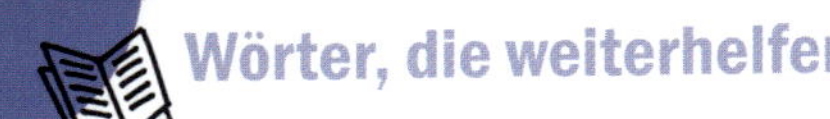

Wörter, die weiterhelfen

Ich möchte / will ... (haben).

mujhe ... cāhīe.
ich ... wollend
Ich möchte...

mujhe ek kamrā cāhīe.
ich eins Zimmer(m) wollend
Ich möchte ein Zimmer.

In diesen Satz kann man z. B. auch die Wörter der folgenden Liste einsetzen:

dāktar [doctor]	Arzt
davāxānā	Apotheke
baink [bank]	Bank
sifāratxānā	Botschaft *(diplomat.)*
bas [bus] (w)	Bus
havāī addā	Flughafen
hotal [hotel]	Hotel
aspatāl [hospital]	Krankenhaus
polīs [police] (w)	Polizei
dākxānā	Postamt
restorant [restaurant]	Restaurant
taiksī [taxi]	Taxi
dentist [dentist]	Zahnarzt

Was ist das?

yeh kyā hai?
dieser was ist
Was ist das?

yeh (ek) ... hai.
dieser (eins) ist
Das ist ein ... .

Hauptwörter

Im Urdu gibt es nur männliche und weibliche Hauptwörter (Substantive). Sie werden nur in geringem Maße gebeugt.

grammatisches Geschlecht

Weibliche Hauptwörter enden grundsätzlich auf -ī:

sabzī (w)	Gemüse	**kursī** (w)	Stuhl
khiṟkī (w)	Fenster	**gāṟī** (w)	Auto, Zug

Männliche Hauptwörter hingegen enden auf -ā oder einen anderen Buchstaben.

kamrā (m)	Zimmer	**makān** (m)	Haus
nām (m)	Name	**vālid** (m)	Vater

Männliche Hauptwörter, die sich auf ein Lebewesen beziehen, können in ein entsprechendes weibliches umgewandelt werden, indem man die Endung -ā durch -ī austauscht.

laṟkā (m)	Junge	**laṟkī** (w)	Mädchen
beṯā (m)	Sohn	**beṯī** (w)	Tochter

Ausnahmen

Natürlich gibt es auch Ausnahmen, die man einfach lernen muss.

mez (w)	Tisch
bas [bus] (w)	Bus
vālida (w)	Mutter
pensil [pencil] (w)	Bleistift, Stift *(allg.)*
bahin (w)	Schwester

Hauptwörter

Bei Hauptwörtern, die Personen bezeichnen, bestimmt das natürliche Geschlecht das grammatische, auch wenn das Hauptwort eine untypische Endung hat.

ebenfalls männlich:

ādmī (m)	Mann
dhobī (m)	Wäscher
dahī (m)	Joghurt

Volks- und Nationalitätsbezeichnungen können je nach dem natürlichen Geschlecht der Bezugsperson entweder männlich oder weiblich sein.

jarman (m/w)	Deutscher, Deutsche
añgrez (m/w)	Engländer, Engländerin
pākistānī (m/w)	Pakistani
balojī (m/w)	Beludschi
pañjābī (m/w)	Pandschabi
sindhī (m/w)	Sindhi

Mehrzahl

Um die Mehrzahl (Plural) zu bilden, gibt es mehrere Regeln. Weibliche Wörter, die auf -ī enden, tauschen dieses durch -iyāñ aus. An weibliche Hauptwörter, die auf einen anderen Buchstaben enden, wird -eñ angehängt.

beṯī (w)	Tochter	**beṯiyāñ**	Töchter
mez (w)	Tisch	**mezeñ**	Tische
qamīz (w)	Hemd	**qamīzeñ**	Hemden

Männliche Hauptwörter, die auf -ā enden, tauschen dieses in der Mehrzahl durch -e aus. Männliche Hauptwörter mit anderen Endungen bleiben unverändert.

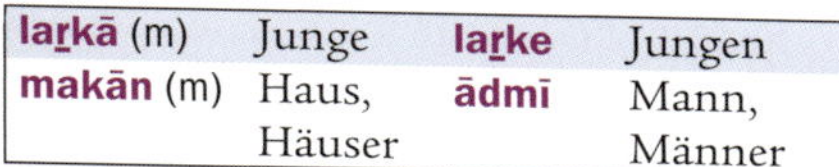

laṟkā (m)	Junge	**laṟke**	Jungen
makān (m)	Haus, Häuser	**ādmī**	Mann, Männer

Im Folgenden werden nur die weiblichen Hauptwörter mit „(w)“ gekennzeichnet. Alle anderen sind folglich männlich.

Es gibt natürlich auch wieder einige Ausnahmen, meist bei Lehnwörtern aus dem Arabischen. Die wichtigsten sind:

vālid (m)	Vater	**vālidain**	Väter; Eltern
vālida (w)	Mutter	**vālidāt**	Mütter
xātūn (w)	Dame	**xavātīn**	Damen

der / die / das; dieses & jenes

Das Urdu kennt keine Artikel („der, die, das“) wie im Deutschen. Wie ein Hauptwort übersetzt wird, hängt also auch vom Zusammenhang ab. So kann ādmī (Mann) auch mit „der Mann“ oder „ein Mann“ übersetzt werden.

Um etwas eindeutig zu identifizieren, benützt man die hinweisenden Fürwörter (Demonstrativpronomen). Sie sind unveränderlich, d. h. es wird nicht zwischen männlich und weiblich oder zwischen Ein- und Mehrzahl unterschieden.

yeh	dieses hier *(Ez)*; diese hier *(Mz)*
voh	jenes dort *(Ez)*; jene dort *(Mz)*

yeh kitāb	dieses Buch
voh cāqū	jenes Messer
yeh cor	dieser Diebe, diese Diebe
voh jānvar	jenes Tier, jene Tiere

yeh *und* voh *stehen immer vor dem Hauptwort, auf das sie sich beziehen.*

Eigenschaftswörter

Man unterscheidet zwei Arten von Eigenschaftswörtern (Adjektiven): Die veränderlichen enden in der Grundform auf -ā, die unveränderlichen enden auf einen anderen Buchstaben.

veränderlich		unveränderlich	
bar̤ā	groß	**sāf**	sauber

Die Eigenschaftswörter stehen wie im Deutschen immer vor dem Hauptwort, auf das sie sich beziehen.

Die Eigenschaftswörter richten sich in Zahl und Geschlecht nach dem zugehörigen Hauptwort. Die Grundform der veränderlichen Eigenschaftswörter ist immer die männliche Form Einzahl mit der Endung -ā. Wie Hauptwörter ersetzen diese für die Mehrzahl das -ā durch -e. Bei weiblichen Eigenschaftswörtern wird -ā durch -ī ersetzt, und zwar sowohl in der Ein- als auch in der Mehrzahl.

bar̤ā lar̤kā (m Ez)	großer Junge
bar̤e lar̤ke (m Mz)	große Jungen
choṯī lar̤kī (w Ez)	kleines Mädchen
choṯī lar̤kiyāñ (w Mz)	kleine Mädchen

Mit unveränderlichen Eigenschaftswörtern ist das natürlich etwas einfacher, vor allem, wenn das Hauptwort auch unveränderlich ist.

sāf kamrā (m Ez)	sauberes Zimmer
sāf kamre (m Mz)	saubere Zimmer
ārāmdeh relgār̤ī (w Ez)	bequemer Zug
ārāmdeh relgār̤iyāñ (w Mz)	bequeme Züge
pākistāni ādmī (m Ez / Mz)	pakistan. Mann, pakistan. Männer

Ich & Du, Mein & Dein

Die persönlichen Fürwörter (Personalpronomen) kennen im Vergleich zum Deutschen mehr Varianten für die Anrede. Des Weiteren wird „er“ und „sie“ in der Ein- und Mehrzahl mit den hinweisenden Fürwörtern yeh (dieser, diese) und voh (jener, jene) umschrieben.

maiñ	ich
tū	du *(sehr persönlich und intim)*
yeh	er, sie (hier)
voh	er, sie (dort)
ham	wir
tum	du, ihr *(höflich)*
āp	ihr, Sie *(sehr höflich)*
yeh	sie (hier) *(Mz)*
voh	sie (dort) *(Mz)*

Über die verschiedenen Arten der Anrede und in welcher Situation man welcher Person wie viel Respekt erweisen muss, könnte man ein ganzes Buch schreiben.

maiñ aur tum.
Ich und du.

tū

tū verwendet man nur, wenn man mit Kindern, Geschwistern und der eigenen Mutter spricht oder das Gebet an Gott richtet. Hin und wieder reden sich auch gute Freunde mit tū an. tū ist aber sehr persönlich und intim und kann verletzend, gar als Beleidigung aufgefasst werden.

tum

tum ist eine Mischung aus unserem „du“ und „Sie“. Man macht nichts verkehrt, wenn man Jüngere und Gleichaltrige mit tum betitelt. Auch für Rikshafahrer, Kellner und Hotelangestellte u. ä. verwenden Muttersprachler häufig tum.

āp

Grundsätzlich sollte man als Ausländer sein Gegenüber mit āp anreden, denn damit macht man sicher nichts falsch.

Bei älteren Personen (oft auch dem eigenen Vater), offensichtlich gläubigen Moslems (erkennbar z. B. durch Männer mit Bärten oder verschleierte Frauen) und all denen, die nach traditionellen Vorstellungen Respekt verdienen, also auch Polizisten, Soldaten, Universitätsprofessoren usw., sollte man als Anrede unbedingt āp benutzen.

yeh / voh

Der Unterschied zwischen yeh und voh bezieht sich auf die räumliche Entfernung zwischen Sprecher und der Person, von der gesprochen wird: yeh (wörtl. „diese/r") bezeichnet jemanden, der dem Sprecher räumlich sehr nahe ist, voh bedeutet, dass die Person weiter weg ist.

āp / tum (log)

āp und tum sind sowohl Einzahl- als auch Mehrzahl-Anredeformen. Manche Personen sprechen auch von sich in der Form ham (wir). Will man explizit ausdrücken, dass es sich um mehrere Personen handelt, stellt man dem Fürwort log (Leute) nach. Ein zugehöriges Tätigkeitswort muss hierbei immer in der Mehrzahl gebeugt werden, auch wenn nur eine Person (mit āp oder tum) angeredet wird.

maiñ aur tum log
ich und ihr Leute
ich und ihr

mein & dein

merā	mein
terā	dein *(intim)*
iskā	sein; ihr (hier)
uskā	sein; ihr (dort)
hamārā	unser
tumhārā	dein, euer *(höflich)*
āpkā	euer; Ihr *(sehr höflich)*
inkā	ihr (hier)
unkā	ihr (dort)

Auch bei den besitzanzeigenden Fürwörtern wird in der 3. Person Ez / Mz („er, sie") die räumliche Entfernung unterschieden.

Die besitzanzeigenden Fürwörter (Possessivpronomen) verhalten sich wie die veränderlichen Eigenschaftswörter. Sie haben die gleichen Endungen und richten sich in Zahl und Geschlecht nach dem dazugehörigen Hauptwort. Sie sind diesem immer vorangestellt.

merā ṭikaṭ [ticket]	meine Fahrkarte
mere kamre	meine Zimmer
tumhārī gāṛī	dein Auto
tumhārī mushkileñ	deine Probleme
āpkā dost	Ihr Freund
unke kapṛe	ihre Kleider (*auch:* Kleidung)

mohammad hamārā dost hai.
Mohammed unser(m) Freund ist
Mohammed ist unser Freund.

Außerdem gibt es im Urdu noch das rückbezügliche (reflexive) besitzanzeigende Fürwort apnā *„eigener", das immer dann verwendet wird, wenn das Hauptwort oder ein anderes Fürwort, auf das sich dieses besitzanzeigende Fürwort bezieht, schon vorher im Satz genannt wurde. Das gilt dann auch für Fürwörter der 1. oder 2. Person:* maiñ apne makān meñ rahtā hūñ. *(„Ich wohne in meinem eigenen Haus.")*

Noch eine Kleinigkeit: Da man Respektspersonen in der Mehrzahlform āp anspricht, werden die darauf bezogenen Wörter grammatikalisch auch in der Mehrzahl gebeugt. Wenn man vom eigenen Vater spricht, sollte man also mere vālid sagen (also nicht merā vālid)!

mere vālid
meine(m Mz) Vater
mein Vater

Daneben kennt das Urdu für Besitzangaben im weiteren Sinne aber auch die aus dem Persischen übernommene sog. „Izafat"-Konstruktion, d. h. ein -e, *das zwischen einem Hauptwort und seiner näheren Bestimmung (also auch dem „Besitzer") eingefügt wird. Diese Konstruktion kommt v. a. in feststehenden Ausdrücken vor:* talib-e 'ilm *„Sucher-von Wissen" (Student)* barr-e saġīr *„Kontinent-von klein" (Subkontinent).*

das besitzanzeigende Verhältniswort kā

Einen Besitz kann man auch mit dem Verhältniswort kā (von) ausdrücken. kā richtet sich nach dem dazugehörigen Hauptwort in Zahl und Geschlecht und erhält die gleichen Endungen wie ein Eigenschaftswort.

voh rahīm kā bhāī hai.
er Rahim(m) von(m) Bruder(m) ist
Das ist Rahims Bruder.

yeh hāshem kī gāṟī hai.
dies Hashem(m) von(w) Auto(w) ist
Dies ist Hashems Auto.

hāshem aur rahīm mohammad ke dost haiñ.
Hashem(m) und Rahim(m) Mohammed(m) von(m Mz) Freund(m) sind
Hashem und Rahim sind Mohammeds Freunde.

Tätigkeitswörter

Die Tätigkeitswörter (Verben) sind im Urdu ein sehr umfassendes Kapitel. Es gibt über 30 verschiedene Zeitformen, die als Einzelwörter oder zusammengesetzt gebildet werden.

Im Rahmen dieses Buches werden nur die gängigsten vorgestellt.

Grundform

Die Grundform (Infinitiv) ist zusammengesetzt aus dem Stamm und der Endung -nā.

jānā	gehen	**ānā**	kommen
khānā	essen	**honā**	sein

Gegenwart

das Tätigkeitswort „sein"

Das Tätigkeitswort honā (sein) kann Voll- und Hilfsverb sein, wird also auch zur Bildung einiger Zeitformen des Urdu benötigt.

maiñ	**hūñ**
ich	*bin*
tū, yeh / voh	**hai**
du, er/sie (hier/dort) (Ez)	*bist / ist*
tum	**ho**
wir/du/ihr (höflich)	*sind / bist / seid*
ham, āp, yeh / voh	**haiñ**
ihr, Sie (sehr höflich), sie (hier/dort) (Mz)	*seid / sind*

honā steht – wie auch alle anderen Tätigkeitswörter – in der Regel am Satzende.

maiñ jarman [German] **hūñ.**
ich Deutsch bin
Ich bin Deutsche/r.

yeh merā sūṯkes [suitcase] **hai.**
dieser mein Koffer(m) ist
Das ist mein Koffer.

yeh āpke ṯikaṯ [ticket] **haiñ.**
diese Ihre Tickets(m) sind
Dies sind Ihre Tickets.

andere Tätigkeitswörter in der Gegenwart

Die hier vorgestellte Ausdrucksweise für die Gegenwart ist für allgemeingültige Aussagen, Dauerzustände, gewohnheitsmäßige oder sich wiederholende Handlungen zuständig. Für aktuell im Verlauf befindliche Gegenwartshandlungen („dabei sein, etwas zu tun“) gibt es dagegen die Verlaufsform rahā / rahī honā, *auf die ich auf S. 46 noch einmal eingehen werde.*

Die Gegenwart ist eine zusammengesetzte Zeit, bei der die Grundformendung -nā durch die Endung -tā ausgetauscht wird. Die Endung -tā richtet sich in Zahl und Geschlecht nach der Person, von der die Rede ist, und zwar mit dem bereits bekannten Endungsmuster der Eigenschaftswörter, also -tā für männlich Einzahl, -te für männlich Mehrzahl und -tī für weiblich Ein- und Mehrzahl. Die so entstandenen Verbformen werden mit den persönlichen Fürwörtern und dem gebeugten, bereits bekannten Tätigkeitswort honā (sein) kombiniert.

Übrigens müsste man streng genommen jātā wörtlich mit „gehend“ übersetzen, worauf hier aber verzichtet wird.

	m / w	
maiñ *ich*	**jātā / jātī** *gehen*	**hūñ** *bin*
tū, yeh / voh *(Ez)* *du, er/sie (hier/dort)*	**jātā / jātī** *gehen*	**hai** *bist / ist*
ham, āp, yeh / voh *(Mz)* *wir/du/ihr (höflich)*	**jāte / jātī** *gehen*	**haiñ** *sind/bist/seid*
tum *ihr, Sie (sehr höflich), sie (hier/dort) (Mz)*	**jāte / jātī** *gehen*	**ho** *seid / sind*

Je nachdem, ob sich das persönliche Fürwort auf eine männliche oder weibliche Person bezieht, wird entweder die männliche oder die weibliche Form eingesetzt.

karnā (machen, tun)

Das Tätigkeitswort karnā (machen, tun) wird oft mit Hauptwörtern wie kām (Arbeit), fon (Telefon), buking (Reservierung) usw. verbunden. Man kann so praktisch aus jedem Hauptwort ein Tätigkeitswort machen.

maiñ yahāñ kām kartā / kartī hūñ.
ich hier Arbeit(m) machen(m/w) bin
Ich arbeite hier. *(sagt Mann / Frau)*

tum acchī urdū bolte / boltī ho.
du gut Urdu(w) sprechen(m/w Mz) bist
Du sprichst gut Urdu. *(zum Mann / zur Frau)*

kyā āp peshāvar meñ rahte / rahtī haiñ?
was Sie Peshawar in wohnen(m/w Mz) sind
Wohnen Sie in Peshawar?
(zum Mann / zur Frau)

Vergangenheit

Die Vergangenheitsbildung ist ein erklärungsbedürftiges Kapitel. Allerdings muss man sie nicht allzu oft benutzen. Es werden deshalb hier nur zwei Versionen angeführt, um einen kleinen Einblick zu geben.

das Tätigkeitswort „sein“

Die Vergangenheitsformen von honā (sein) lernt man am besten auswendig. Hier richtet sich die gebeugte Verbform lediglich danach, ob das Bezugswort männlich oder weiblich ist und in der Ein- oder Mehrzahl steht.

	m	w
Einzahl	**thā**	**thī**
Mehrzahl	**the**	**thīñ**

maiñ kal iskūl [school] **meñ thā / thī.**
ich gestern Schule in war(m/w)
Ich *(Mann / Frau)* war gestern in der Schule.

maiñ ghar par thā / thī.
ich Haus auf war(m/w)
Ich*(m/w)* war zu Hause.

maiñ bīmār thā / thī.
ich krank war(m/w)
Ich*(m/w)* war krank.

andere Tätigkeitswörter

Um andere Tätigkeitswörter in die Vergangenheit zu setzen, hängt man an den Verbstamm (Tätigkeitswort ohne Infinitivendung -nā) eine Vergangenheitsendung an, die sich wiederum in Zahl und Geschlecht nach der Bezugsperson richtet. Dies ist -ā für männlich *Ez*, -e für männlich *Mz*, -ī für weiblich *Ez* und – Achtung! – -īñ für weiblich *Mz*. Als Beispiel dient hier rahnā (bleiben, leben):

	m	w
maiñ	**rahā**	**rahī**
tū, yeh / voh (Ez)	**rahā**	**rahī**
ham, āp, yeh / voh (Mz)	**rahe**	**rahīñ**
tum	**rahe**	**rahīñ**

Endet der Verbstamm auf einen Selbstlaut, hängt man statt -ā aussprachebedingt ein -yā an. Alle anderen Endungen verändern sich jedoch nicht.

Hier einige Beispiele mit dem Tätigkeitswort ānā *(kommen).*

maiñ der se āyā / āī.
ich Verspätung von kam(m/w)
Ich *(Mann / Frau)* kam zu spät.

maiñ rāwalpinḏī se pahuñcā / pahuñcī.
ich Rawalpindi von ankam(m/w)
Ich *(Mann / Frau)* kam aus Rawalpindi an.

ṯren ṯhīk vaqt par āī.
Zug(w) gut Zeit(m) auf kam(w)
Der Zug kam pünktlich an.

kyā āp ārāmdeh soye / soyīñ?
was Sie komfortabel schliefen(m/w Mz)
Schliefen Sie *(Männer / Frauen)* angenehm?

transitiv & intransitiv

Zielende Tätigkeitswörter können eine Satzergänzung im 4. Fall (Akkusativobjekt) haben (z. B. „geben", „trinken", „nehmen", „machen"), nicht-zielende hingegen nicht (z. B. „weinen", „gehen").

Wenn es doch nur so einfach wäre! Im Urdu unterscheidet man aber außerdem noch zwischen „zielenden" (transitiven) und „nicht-zielenden" (intransitiven) Tätigkeitswörtern. Bis hier wurden für die Vergangenheit nur die nicht-zielenden Tätigkeitswörter beschrieben. Es macht im Urdu nämlich einen Unterschied, ob man sagt „ich kam an" (nicht-zielendes Tätigkeitswort) oder „ich las ein Buch" (zielendes Tätigkeitswort, „ein Buch" ist die Satzergänzung im 4. Fall). Im Urdu muss man den letzteren Satz nämlich wie ein Passiv formulieren: „Von mir wurde ein Buch gelesen". Das Tätigkeitswort stimmt dann in Geschlecht und Zahl mit der Satzergänzung, und nicht mit dem Satzgegenstand (Subjekt) überein. Als Beispiel dient paṟhnā (lesen):

Bei zielenden Tätigkeitswörtern geht es nicht darum, ob der Sprecher männlich oder weiblich ist, sondern vielmehr um das grammatische Geschlecht der Satzergänzung.

maiñ ne kitāb paṟhī.
ich von Buch(w) las(w)
Von mir wurde ein Buch gelesen. /
Ich las ein Buch.

maiñ ne axbār paṟhā.
ich von Zeitung(m) las(m)
Von mir wurde eine Zeitung gelesen. /
Ich las eine Zeitung.

Das Wörtchen ne übernimmt hierbei unser deutsches „von" oder „durch". Es wird wie folgt verwendet:

maiñ ne	von mir
tū ne	von dir *(intim)*
is ne	von ihm / ihr (hier)
us ne	von ihm / ihr (dort)
ham ne	von uns
tum ne	von dir / euch / Ihnen *(höflich)*
āp ne	von euch / Ihnen *(sehr höflich)*
inhoñ ne	von ihnen (hier)
unhoñ ne	von ihnen (dort)

maiñ ne tumhāre bhāī ko dekhā.
ich von dein(g) Bruder(m)[g] zu sah(m)
Ich sah deinen Bruder.

ham ne acchī cāe pī.
wir von gut(w) Tee(w) tranken(w)
Wir tranken guten Tee.

ham ne xūbsūrat safar kiyā.
wir von schön Reise(m) machte(m)
Wir machten eine schöne Reise.

Folgende Tätigkeitswörter gelten im Urdu als intransitiv (nicht-zielend), deswegen wird die eben beschriebene Regel nicht angewandt.

(zabān) bolnā	(Sprache) sprechen
bhūlnā	vergessen
lānā	bringen
le ānā *nehmen kommen*	bringen
le jānā *nehmen gehen*	wegnehmen

Während im Deutschen das Passiv eine stilistisch bedingte Sonderkonstruktion ist (und das Aktiv die entsprechende Regelkonstruktion), ist im Urdu die hier beschriebene Konstruktion für zielende Tätigkeitswörter in der Vergangenheit absolut zwingend.

Wie sie außerdem am Satz mit bhāī ko *erkennen können, werden Satzergänzungen (Objekte, im 4. und im 3. Fall), die sich auf Personen beziehen, oft zusätzlich mit dem Verhältniswort* ko *„zu" konstruiert. Dies gilt für alle Zeitstufen. Das Hauptwort, das als Satzergänzung (Objekt) dient, muss dann gebeugt werden (vgl. Kap. „Die Beugung", „Verhältniswörter" u. „Mir & Mich".*

maiñ vahāñ sirf urdū bolā / bolī.
ich dort nur Urdu sprach(m/w)
Ich sprach dort nur Urdu. *(sagt Mann / Frau)*

voh hamārā naqshā bhūlā / bhūlī.
er/sie unsere Landkarte vergaß(m/w)
Er / sie vergaß unsere Landkarte.

unregelmäßige Tätigkeitswörter

Folgende Tätigkeitswört sind etwas unregelmäßig:

	m Ez	*m Mz*	*w Ez*	*w Mz*
denā (geben)	**diyā**	**die**	**dī**	**dīñ**
honā (sein)	**thā**	**the**	**thī**	**thīñ**
jānā (gehen)	**gayā**	**gae**	**gaī**	**gaīñ**
karnā (machen)	**kiyā**	**kie**	**kī**	**kīñ**
lenā (nehmen)	**liyā**	**lie**	**lī**	**līñ**
pīnā (trinken)	**piyā**	**pie**	**pī**	**pīñ**

zusammengesetzte Vergangenheit

Zusätzlich zur einfachen Vergangenheit gibt es die zusammengesetzte Vergangenheit, bei der man die jeweilige Vergangenheitsform des Tätigkeitswortes mit honā (sein) kombiniert. Diese Vergangenheitsform drückt aus, dass die Handlung in der Vergangenheit begonnen hat und noch bis in die Gegenwart wirkt.

Bei den nicht-zielenden (intransitiven) Tätigkeitswörtern sieht das so aus:

maiñ kal pahuñcā / pahuñcī hūñ.
ich gestern ankam(m/w) bin
Ich bin gestern angekommen.
(... und bin noch hier) (sagt Mann / Frau)

ham abhī ghar āe / āī haiñ.
wir jetzt Haus kamen(m/w Mz) sind
Wir sind gerade nach Hause gekommen.

Bei den zielenden (transitiven) Tätigkeitswörtern richten sich die Formen wiederum nach der Satzergänzung (Objekt) und nicht nach dem Satzgegenstand (Subjekt). Der Satz wird also auch in diesem Fall passivisch formuliert.

maiñ ne mast film [film] **dekhī hai.**
ich von berauscht Film(w) sah(w) ist
Ich habe einen super Film gesehen.

kyā āp ne merī bāt samjhī hai?
was Sie von mein(w) Wort(w) verstand(w) ist
Haben Sie mich verstanden?

Zukunft

Für die Zukunftsform fügt man an den Verbstamm (Grundform ohne -nā) Folgendes an:

	m	w
maiñ	**-ūñgā**	**-ūñgī**
tū, yeh / voh *(Ez)*	**-egā**	**-egī**
ham, āp, yeh / voh *(Mz)*	**-eñge**	**-eñgī**
tum	**-oge**	**-ogī**

maiñ kal fon [phone] **karūñgā.**
ich morgen Telefon(m) machen-werde
Ich werde morgen anrufen.

ham kashmīr meñ safar kareñge.
wir Kaschmir in Reise(m) machen-werden
Wir werden in Kaschmir reisen.

Drei Tätigkeitswörter haben leicht unregelmäßige Formen.

denā (geben)	
maiñ dūñgā	ich werde geben
tum doge	du wirst geben
lenā (nehmen)	
maiñ lūñgā	ich werde nehmen
tum loge	du wirst trinken
pīnā (trinken)	
piūñgā	ich werde trinken

Auch honā *(sein) wird in der Zukunft leicht unregelmäßig gebildet.*

„sein" in der Zukunft

	m	***w***
maiñ	**hūñgā**	**hūñgī**
tū, yeh / voh *(Ez)*	**hogā**	**hogī**
ham, āp, yeh / voh *(Mz)*	**hoñge**	**hoñgī**
tum	**hoge**	**hogī**

kyā tum shām ko hoṯal [hotel] **meñ hoge?**
was du Abend(m) nach Hotel[g] in sein-wirst
Wirst du abends im Hotel sein?

Umgangssprachlich wird für die Zukunft aber oft auch das veränderliche vālā (Besitzer) einem Verb in der wie ein Hauptwort gebeugten Grundform auf -e nachgestellt.

ham sindh jāne vāle haiñ.
wir Sindh gehen(g) Besitzer(Mz) sind
Wir werden nach Sindh fahren.

maiñ anārkalī meñ ghūmne vālā / vālī hūñ.
ich Anarkali in spazieren(g) Besitzer/in bin
Ich werde im Anarkali-Basar spazieren gehen.

Anārkalī *ist der Name eines Basars in Lahore.*

tum yahāñ rahne vāle ho?
du hier bleiben(g) Besitzer bist
Wirst du hier bleiben?

zusammengesetzte Tätigkeitswörter

Um die deutschen Modalverben „wollen" und „müssen" auszudrücken, stehen mehrere Konstruktionen zur Auswahl. Allen gemeinsam ist, dass sie mit der selbständigen Form der gebeugten persönlichen Fürwörtern stehen (s. S. 54) und teils unveränderlich sind.

wollen

cāhīe (wörtl. „wollend") ist unveränderlich. Es wird direkt mit einem Hauptwort verbunden.

In Verbindung mit einem weiteren Verb benutzt man aber für „wollen" cāhnā *als Vollverb:* āp kyā khānā cāhte haiñ? *„Was möchten Sie essen?"*

mujhe qulfī cāhīe.
mir Eiskrem wollend
Ich möchte ein Eis.

hameñ garam garam cāe cāhīe.
uns heiß heiß Tee wollend
Wir wollen / möchten heißen Tee.

Der Unterschied zwischen den drei Ausdrücken besteht darin, dass im Fall von cāhīe *eine moralische Verpflichtung vorliegt und bei* paṟegā *äußere Einflüsse eine Rolle spielen. Nur die dritte Variante hat einen allgemeinen Charakter.*

müssen

Verbindet man cāhīe mit einem Verb in der Grundform, hat es die Bedeutung „müssen".

tumheñ pañjāb jānā cāhīe.
dir Pandschab(m) gehen wollend
Du musst in den Pandschab fahren.

Genauso wird paṟegā („fallen-wird") in der Bedeutung von „müssen" gebraucht.

mujhe jaldī se fon [phone] **karnā paṟegā!**
mir schnell von Telefon machen fallen-wird
Ich muss dringend telefonieren!

honā (sein), mit einem vorangestelltem Tätigkeitswort in der Grundform kombiniert, erhält auch die Bedeutung „müssen".

hameñ haidarābād jānā hai.
uns Hyderabad(m) gehen ist
Wir müssen nach Hyderabad fahren.

mujhe phal xarīdnā hai.
mir Obst(m) kaufen ist
Ich muss Obst kaufen.

Tätigkeitswörter mit denā, jānā und lenā

Man kann Tätigkeitswörter auch mit nichtmodalen anderen Verben kombinieren. Sehr oft werden hierbei die Verben denā (geben), jānā (gehen) und lenā (nehmen) als Grundlage verwendet. Das Tätigkeitswort, das die Aussage bestimmt, steht dabei im Fall von jānā in der (wie ein Hauptwort gebeugten) Grundform, im Fall der beiden anderen Verben steht es im bloßen Verbstamm.

us ne apnī kitāb paṟh lī.
ihm/ihr von eigenes Buch(w) lesen(-) nahm(w)
Er / sie hat ihr eigenes Buch gelesen.

Zur Erinnerung: Es gibt kein persönliches Fürwort für „er / sie" Stattdessen wird das hinweisende Fürwort verwendet.

voh ghūmne jātā / jātī hai.
jene/r spazieren(g) gehen(m/w) ist
Er / sie geht spazieren.

können / dabei sein, etwas zu tun

Bei zwei Arten von zusammengesetzten Tätigkeitswörtern entfällt das -nā der Grundform. Und zwar zunächst in Sätzen, in denen saknā (können) vorkommt. Im folgenden Satz heißt es demnach bol und nicht bolnā (sprechen). Das „(-)" in der Wort-für-Wort-Übersetzung zeigt an, dass der Verbstamm benutzt wird.

maiñ urdū bol saktā / saktī hūñ.
ich Urdu(w) sprechen(-) können(m/w) bin
Ich kann Urdu sprechen. *(sagt Mann / Frau)*

tablā *ist eine Art Trommel.*

maiñ tablā bajā saktā / saktī hūñ.
ich Tabla(m) spielen(-) können(m/w) bin
Ich kann Tabla spielen. *(sagt Mann / Frau)*

kyā voh khānā pakā saktī hai?
was sie Essen(m) kochen(-) können(w) ist
Kann sie Essen kochen?

Übrigens wird diese Konstruktion mit rahā honā *im Urdu weit häufiger benutzt, als das im Deutschen der Fall ist. Man drückt damit aus, dass eine Handlung momentan tatsächlich stattfindet (und nicht etwa grundsätzlich, als Dauerzustand oder aus Gewohnheit).*

āp tasvīr khaiñc sakte / saktī haiñ.
Sie Foto(w) ziehen(-) können(m/w Mz) sind
Sie dürfen ein Foto machen.

Auf die gleiche Weise funktioniert außerdem die Konstruktion der Verlaufsform mit rahā honā (dabei sein, etwas zu tun):

maiñ fon [phone] **kar rahā / rahī hūñ.**
ich Telefon(m) machen(-) blieb(m/w) bin
Ich bin dabei zu telefonieren. *(sagt Mann / Frau)*

haben

Diese Konstruktion mit pās *wird allerdings nur bei zeitlich begrenzten Besitzangaben verwendet. Ansonsten benutzt man nur die besitzanzeigenden Fürwörter, z. B.:* merā beṭā hai. *„Ich habe einen Sohn."*

„Haben" im Sinne von „besitzen" konstruiert man im Urdu mit dem besitzanzeigenden Fürwort (und zwar immer in der männlichen Mehrzahlform) plus nachgestelltem pās (mit). Am Satzende steht das gebeugte Tätigkeitswort honā (sein). Im übertragenen Sinne heißt das dann „mit mir / dir /... ist".

mere pās naī gāṛī hai.
meine(m Mz) mit neu(w) Auto(w) ist
Ich habe ein neues Auto.

Steht der Satzgegenstand (Subjekt) in der Mehrzahlform, steht auch die gebeugte Form von honā (sein) in der Mehrzahl.

mere pās paise haiñ.
meine(m Mz) mit Geld(m Mz) sind
Ich habe Geld.

Bindewörter

Die Bindewörter (Konjunktionen) sind ein wichtiger Teil des Urdu. Man sollte sie sich gut einprägen und versuchen sie so oft wie möglich anzuwenden.

aur, ve	und
yā	oder
se, ke sāth *von gemeinsam*	mit
ke bağair *von ohne*	ohne
ki	dass
lekin	aber
kyoñki	denn; weil
is lie *diesem/dieser für*	deswegen
is vajah se *diesem/dieser Grund von*	aus diesem Grund
tākī	um zu; damit
hālāñki, agarce	obwohl
ke ba'd *von nach*	nach; nachdem
us ke ba'd *jenem/jener von nach*	danach; später

Für „und" findet sich im Urdu auch öfters -o-, *das speziell in feststehenden Wendungen vorkommt:* husn-o-jamāl *„Schönheit-und-Schönheit" (überwältigende Schönheit),* fikr-o-fan *„Gedanke-und-Kunst" (Philosophie und Kultur)*

Bindewörter

jab	als
to	dann; so
se pahle	vor; bevor
aus erster(g)	
agar	wenn
jaisā	wie; so wie

lekin yeh bahut maheñgā hai!
aber dieser sehr teuer ist
Das ist aber sehr teuer!

ham sirf dekhnā cāhte haiñ.
wir nur schauen wollen sind
Wir wollen nur schauen.

maiñ urdū sikhtā hūñ kyoñki pākistān meñ safar karnā cahtā hūñ.
ich Urdu(w) lernen(m) bin weil Pakistan(m) in Reise(m) machen wollen(m) bin
Ich lerne Urdu, weil ich in Pakistan umher reisen will.

aslam bolā ki tum hamāre yahāñ āne vāle ho.
Aslam sprach(m) dass du unser(g) hier kommen(-) Besitzer bist
Aslam sagte, dass du zu uns kommen wirst.

Shah-Faisal-Moschee, Islamabad

Die Beugung

Das Urdu kennt auch eine Beugung, wobei es allerdings nur einen Fall gibt, der in etwa unserem 3. und 4. Fall (Dativ und Akkusativ) entspricht und in bestimmten Konstruktionen angewandt wird. Eine dieser Konstruktionen ist die Verbindung mit einem Verhältniswort (Präposition).

Die folgende Tabelle gilt für Haupt- und Eigenschaftswörter und zeigt, welche Endungen sich in welcher Weise verändern.

Endung	ungebeugt	gebeugt
m Ez	-ā	-e
	Mitlaut	unverändert
m Mz	-e	-oñ
	Mitlaut	+ -oñ
w Ez	-ī	-ī
	Mitlaut	unverändert
w Mz	-iyāñ	-iyoñ
	-eñ	-oñ

Achtung: In der Mehrzahl verändert sich immer nur das Hauptwort; das Eigenschaftswort behält die ungebeugte Endung (also -e oder -ī)!

Damit man erkennt, wann ein Wort gebeugt ist bzw. werden muss (wenn man es durch ein anderes austauscht), wird es durch „*(g)*“ als Abkürzung für „gebeugt“ gekennzeichnet.

Weibliche Eigenschaftswörter haben ungebeugt in der Mehrzahl die Endung -ī *anstelle von* -iyāñ. *Gemäß der nebenstehenden Regel bleibt dieses* -ī *auch dann erhalten, wenn das Eigenschaftswort ein gebeugtes weibliches Hauptwort begleitet.*

Die Beugung

acchā laṟkā	**acche laṟke se**
gut Junge	*gut(g) Junge(g) von*
guter Junge *(m Ez)*	von dem guten Jungen

In der männlichen Mehrzahlform verändert sich das also Eigenschaftswort nicht. Weibliche Hauptwörter verändern sich nur in der Mehrzahl.

acche laṟke	**acche laṟkoñ se**
gute Jungen	*gute Jungen(g) von*
gute Jungen *(m Mz)*	von den guten Jungen

acchī laṟkī	**acchī laṟkī se**
gut Mädchen	*gut Mädchen von*
gutes Mädchen	von dem guten Mädchen

acchī laṟkiyāñ	**acchī laṟkiyoñ se**
gute Mädchen	*gute Mädchen(g) von*
gute Mädchen	von den guten Mädchen

Auch Hauptwörter, die auf einen Mitlaut enden, verändern sich nur in der Mehrzahl.

ghar (m Ez / Mz)	Haus, Häuser
ghar se	aus dem Haus
gharoñ se	aus den Häusern

kitāb (w)	Buch
kitāb se	aus dem Buch
kitābeñ (w Mz)	Bücher
kitāboñ se	aus den Büchern

film (w)	Film
film se	aus dem Film
filmeñ (w Mz)	Filme
filmoñ se	aus den Filmen

Verhältniswörter

Verhältniswörter (im Fall des Urdu: Postpositionen) folgen dem Wort, auf das sie sich beziehen. Die betreffenden Hauptwörter bzw. persönlichen Fürwörter werden dann gebeugt.

se	von, mit, aus, durch
ke lie *von für*	für
ko	nach, zu
tak	bis, nach
meñ	in *(räuml. / zeitl.)*
par, pe	auf
bāhar	draußen
andar	drinnen; in
bilmuqābil	gegenüber
kī taraf *von Seite(w)*	nebenan
vāpas	zurück
bīc meñ *zwischen in*	zwischen

yahāñ se nazdīk hai.
hier[g] von nah ist
Von hier aus ist es nahe.

t̠ren [train] **meñ res̠toran̠t kār** [restaurant car] **milegī?**
Zug[g] in Restaurant Wagen(w) finden-wird(w)
Gibt es einen Speisewagen in diesem Zug?

yeh dukān dākxāne ke qarīb hai.
dieses Geschäft(w) Postamt(g)(m) von nah ist
Das Geschäft ist in der Nähe des Postamtes.

yeh bas [bus] **faisalābād tak jāne vālī hai?**
dieser Bus(w) Faisalabad bis gehen(g) Besitzerin ist
Wir werden bis nach Faisalabad fahren.

Verhältniswörter mit *ke*

Einige Verhältniswörter werden immer mit vorangestelltem ke (von) verbunden.

ke *entspricht der männlichen Mehrzahlform.*

ke āge	vor, davor *(räumlich)*
ke bāre meñ	über, im Bezug auf
ke baġair	ohne
ke ba'd	nach *(zeitlich)*
ke pās	mit, nahe an
ke pīche	hinter *(räumlich)*
ke ūpar	über *(räumlich)*
ke nīche	unter *(räumlich)*
ke darmiyān	zwischen
ke zarī'e	durch, mittels
ke sāth	mit
ke sāmne	gegenüber, vor *(räumlich)*
ke sivā	außer
ke qarīb	in der Nähe von
ke lie	für
ke muqābile meñ	verglichen mit

zarā hoṯal [hotel] **ke āge ruknā!**
wenig Hotel[g] von davor anhalten
Halten Sie bitte vor dem Hotel!

Fort, Lahore

ham dopahr ke ba'd mileñge / mileñgī.
wir Mittag(m) von nach treffen-werden(m/w Mz)
Wir treffen uns am Nachmittag.

Will man nun diese Form der Verhältniswörter mit den persönlichen Fürwörtern verbinden („für dich", „mit dir" usw.), dann ersetzt man ke durch die besitzanzeigenden Fürwörter, die dann auch in der männlichen Mehrzahlform stehen (mere, tumhāre, āpke ...).

maiñ tumhāre sāth cāe pīnā cāhtā / cāhtī hūñ.
ich deine mit Tee trinken wollen(m/w) bin
Ich möchte mit dir Tee trinken gehen.
(sagt Mann / Frau)

Mir & Mich

Persönliche Fürwörter kennen zwei gebeugte Formen: Eine steht mit Verhältniswörtern („abhängige Form"), wobei die Verhältniswörter wieder nachgestellt sind, die andere steht ohne Verhältniswörter („selbständige Form").

Nur mujh, tujh *usw. sind hier die Beugungsformen;* ko *ist ein Verhältniswort („zu, nach") und kann durch andere Verhältniswörter nach Bedarf ersetzt werden. Zugleich bedeutet aber die Wortgruppe* mujh ko *„mir, mich" (je nach Satzkontext), sie steht also als Ganzes für das deutsche gebeugte persönliche Fürwort in der Funktion einer Satzergänzung (Objekt, 4. u. 3. Fall). Dies liegt daran, dass im Urdu ganz allgemein Objekte, die sich auf Personen beziehen, meist die Konstruktion mit* ko *verlangen.*

abhängig	selbständig	
mujh (ko)	**mujhe**	mir, mich
tujh (ko)	**tujhe**	dir, dich
is / us (ko)	**ise / use**	ihn, ihm, ihr
ham (ko)	**hameñ**	uns
tum (ko)	**tumheñ**	dir, dich, euch, Ihnen
āp (ko)	**āpko**	euch, Ihnen, Sie
in / un (ko)	**inheñ / unheñ**	ihnen, sie

abhängige Form

mujh ko keh do tum kyā karoge / karogī.
mir nach sagen(-) gib-! du was machen-wirst(m/w)
Du sagst mir, was du machen wirst.
(zum Mann / zur Frau)

maiñ ne yeh bāt tujh se sunī hai.
ich von diese Wort(w) dir von hörte(w) ist
Ich weiß das von dir.

mujh ko kyā patā? us se pūch lo!
mir nach was bekannt
diesem von fragen(-) nimm-!
Was weiß ich? Frag doch ihn!

yeh mere shauhar / merī bīvī haiñ, in se milīe.
dieser mein Ehemann / meine Ehefrau sind
diese(Mz) mit triff-Sie!
Darf ich Ihnen meine/n Ehemann / Ehefrau vorstellen?

Bei shauhar (Ehemann) und bīvī (Ehefrau) steht das Tätigkeitswort in der Mehrzahlform, da dies Ehrbezeichnungen sind.

yeh und voh unterscheiden bei den gebeugten Formen zwischen Ein- und Mehrzahl: Einzahl is bzw. us, Mehrzahl in bzw. un. Man kann sie in Verbindung mit Verhältniswörtern auch mit „diese(r)“ oder „jene(r)“ übersetzen.

ham is hoṯal [hotel] **meñ rahte / rahtī haiñ.**
wir diesem(g) Hotel[g] in wohnen(m/w Mz) sind
Wir wohnen in diesem Hotel. *(Männer / Frauen)*

selbständige Form

In der selbständigen Form stehen Fürwörter als Satzergänzungen, die ohne Verhältniswort ko gebildet werden. Dies gilt u. a. für die Formen der 3. Person, wenn sie sich nicht auf Personen beziehen, aber in speziellen Satzkonstruktionen auch für Personen.

mujhe afsos hai.
mir Leid ist
Es tut mir Leid.

mujhe xūshī hūī.
mir Glück(w) war(w)
Ich bin glücklich.

Diese Konstruktionen sind oft dadurch charakterisiert, dass das persönliche Fürwort im Deutschen zwar als Satzgegenstand übersetzt wird, im Urdu aber wörtlich als Satzergänzung des 3. Falls konstruiert wird. Satzgegenstand ist dann im Urdu ein Hauptwort, das im deutschen Satz so gar nicht vorkommt.

use yeh bāt ma'lūm hai.
ihm/ihr diese Wort(w) bekannt ist
Er / sie weiß das.

selbständige Form + ānā / lagnā

Im folgenden Satz wird ānā (kommen) in Verbindung mit den selbständigen Formen im Sinne von „wissen" oder „kennen" verwendet.

tumheñ urdū ātī hai.
dir Urdu(w) kommen(w) ist
Du sprichst Urdu.

Wenn lagnā *„beginnen" bedeutet, wird das zweite Verb in der Grundform gebeugt, so als ob es ein Hauptwort wäre:* mausam badalne lagtā hai *(das Wetter beginnt sich zu ändern).*

Das Tätigkeitswort lagnā, das „fühlen, scheinen, anwenden", aber auch „beginnen" bedeuten kann, steht mit der selbständigen Form z. B. in folgender Bedeutung:

use bhūk / pyās lagī hai.
ihm/ihr Hunger(w) / Durst(w) fühlte(w) ist
Er / sie hat Hunger / Durst.

Dass lagnā (fühlen) hier in der Vergangenheit steht (lagī), obwohl es im Deutschen mit der Gegenwart übersetzt wird, liegt daran, dass lagnā auch mit „anfangen zu fühlen" übersetzt werden kann (das „Fühlen" hat also in der Vergangenheit bereits begonnen).

yeh tumheñ kaisā lagtā hai?
dieser dir wie(m) fühlen(m) ist
Gefällt dir das?

mujhe bahut acchā lagtā hai.
mir sehr gut fühlen(m) ist
Es gefällt mir sehr gut.

mujhko garmī / ṯhanḏ lag rahī hai.
mir Wärme(w) / Kälte(w) fühlen bleiben(w) ist
Mir ist warm / kalt.

Beachten Sie aber:

āj garmī hai.
heute Wärme(w) ist
Heute ist es warm.

Truck auf dem Karakorum Highway

Fragen, Auffordern & Verneinen

Nach dem Aussagesatz führt der Weg weiter zu den Frage-, Aufforderungs- und verneinten Sätzen.

Fragen

Wie im Deutschen unterscheidet man zwischen Entscheidungs- und Satzfragen.

Entscheidungsfragen

Um Entscheidungsfragen zu stellen, hebt man entweder am Satzende eines ganz normalen Aussagesatzes die Stimme an oder man stellt kyā (was) an den Satzanfang oder an das Satzende. Auf Entscheidungsfragen antwortet man mit „ja" oder „nein".

yeh bas [bus] **dihlī jāne vālī hai?**
diese Bus(w) Delhi gehen Besitzerin(w) ist
Fährt dieser Bus nach Delhi?

kyā tum yahāñ dukāndār ho?
was du hier Chef(m) bist
Bist du hier der Chef?

hāñ, maiñ dukāndār hūñ.
ja ich Chef(m) bin
Ja, ich bin der Chef.

tumhāre pās paise haiñ, kyā?
deine(m Mz) bei Geld(m Mz) ist was
Hast du Geld?

kyā tum agle hafte meñ aoge / aogī?
was du nächste Woche(g) in kommen-wirst(m/w)
Wirst du nächste Woche kommen?
(zum Mann / zur Frau)

Zu den Entscheidungsfragen zählen auch: hai?, milegā? *„gibt es?" und* mumkin hai? *„ist es möglich?".*

Satzfragen

Satzfragen werden mit konkreten Fragewörtern gebildet und verlangen einen vollständigen Satz als Antwort.

kab?	wann?
kyoñ?	warum?
kyā?	was?
kaunsā?	welche/s/r?
kaun?, kis?	wer?
kaisā? (m Ez)	wie?
kaise? (m Mz)	wie?, auf welche Weise?
kab tak? *wann bis*	wie lange?
kitnā? (m Ez)	wie viel?
kitne? (m Mz)	wie viele?
kahāñ?	wo?, wohin?
kidhar?	wohin?
kahāñ se? *wo von*	woher?

kyā? *kann man auch als „wie bitte?" gebrauchen.*

Die Fragewörter stehen im Urdu an der Stelle, an welcher der zu erfragende Satzteil auch im entsprechenden Aussagesatz steht.

tum āj kyā kām karte / kartī ho?
du heute was Arbeit(m) machen(m/w) bist
Was arbeitest du heute? *(zum Mann / zur Frau)*

dukān vālā kahāñ hai?
Geschäft(w) Besitzer(m) wo ist
Wo ist der Besitzer des Geschäftes?

yeh film [film] **kab shurū' hogī?**
diese Film(w) wann Beginn(m) sein-wird(w)
Wann beginnt dieser Film?

kaunsī bas [bus] **lāhaur jātī hai?**
welcher Bus(w) Lahore(m) gehen(w) ist
Welcher Bus fährt nach Lahore?

Aufforden & Befehlen

Für das vertrauliche tū verwendet man das Tätigkeitswort ohne die Grundformendung -nā (d. h. den bloßen Verbstamm).

jānā	gehen	**jā!**	geh!
ānā	kommen	**ā!**	komm!

idhar ā!
hierher komm(-)
Komm hierher!

Für das etwas höflichere tum verwendet man entweder die Grundform oder hängt an die Grundform ein -o an. In der Wort-für-Wort-

Übersetzung wird dies durch ein Ausrufezeichen kenntlich gemacht.

lānā	bringen	**lāo!**	bring!
jānā	gehen	**jāo!**	geh!

sidhā calnā!
geradeaus fahren
Fahre geradeaus!

rayṯ [right] **lenā!**
rechts nehmen
Fahr nach rechts!

mujhe ek cāe lāo!
mir ein Tee bring-!
Bring mir einen Tee!

Wichtige Ausnahmen beim Anhängen von -o bilden folgende Tätigkeitswörter:

lenā	nehmen	**lo!**	nimm!
pīnā	trinken	**piyo!**	trink!
denā	geben	**do!**	gib!

do! (gib!) wird auch in Verbindung mit den Stämmen anderer Tätigkeitswörter verwendet.

utār do!
aussteigen(-) gib-!
Lass mich aussteigen!

mujhe batā do!
mir erklären(-) gib-!
Erklär es mir!

Spricht man jemanden mit āp an, wird an den Stamm die Endung -īe gehängt (Wort-für-Wort-Übersetzung: „*-Sie!*“).

mere dostoñ se milīe!
meine(m Mz) Freunde(m Mz) mit triff-Sie!
Lernen Sie meine Freunde kennen!

arām se baiṯhīe!
bequem von setz-Sie!
Setzen Sie sich!

tashrīf lāīe!
Ehre bring-Sie!
Treten Sie ein!

zarā batāīe!
wenig sag-Sie!
Sagen Sie bitte!

zarā dekhīe!
wenig schau-Sie!
Schauen Sie bitte!

Ausnahmen

lenā	nehmen	**lījie!**	nehmen Sie!
pīnā	trinken	**pījie!**	trinken Sie!
denā	geben	**dījie!**	geben Sie!
karnā	machen	**kījie!**	machen Sie!

baxshīsh lījie!
Trinkgeld(m) nimm-Sie!
Nehmen Sie das Trinkgeld!

m'āf kījie!
Verzeihung mach-Sie!
Verzeihen Sie!

Verneinung

Um Sätze zu verneinen, braucht man das Wörtchen nahīñ (nicht, nein). In einfachen Sätzen mit dem Tätigkeitswort honā (sein) wird nahīñ diesem vorangestellt.

maiñ musāfir / ṯūrisṯ [tourist] **hūñ.**
ich Tourist(m) / Tourist bin
Ich bin Tourist/in.

maiñ musāfir nahīñ (hūñ).
ich Tourist(m) nicht bin
Ich bin nicht / kein Tourist.

In verneinten Sätzen kann man das Verb honā *als Satzaussage (Prädikat) auch weglassen.*

mere pās paise nahīñ (haiñ).
meine(m Mz) mit Geld(m Mz) nicht sind
Ich habe kein Geld.

Bei anderen Verben entfallen in verneinten Sätzen der Gegenwart die Beugungsformen von honā (sein).

maiñ urdū boltā / boltī hūñ.
ich Urdu(w) sprechen(m/w) bin
Ich spreche Urdu. *(sagt Mann / Frau)*

tum urdū nahīñ bolte / boltīñ.
du Urdu(w) nicht sprechen(m/w Mz)
Du sprichst kein Urdu. *(zum Mann / zur Frau)*

maiñ ne kuch nahīñ dekhā / sunā.
ich von etwas nicht sah(m) / hörte(m)
Ich habe nichts gesehen / gehört.

„Nichts" heißt kuch nahīñ, *und „nie" heißt* kabhī nahīñ.

maiñ kabhī nahīñ yahāñ / lāhaur meñ thā / thī.
ich wann nicht hier / Lahore(m) in war(m/w)
Ich war noch nie hier / in Lahore.

Befehlssätze werden mit mat oder na verneint.

fikr mat karo!
Sorge nicht mach-!
Mach dir keine Sorgen!

na āie!
nicht komm-Sie!
Kommen Sie nicht!

Für die Sie-Form verwendet man na, *für die Du-Form eher* mat. *Aber auch viele Muttersprachler halten sich nicht an diese Regel.*

Zahlen & Zählen

Telefonnummern nennt übrigens jeder mit englischen Zahlwörtern.

Dieses Kapitel gehört wohl zu den komplexesten im Urdu. Es gibt nämlich für alle Zahlen von eins bis hundert einen eigenen Namen und nicht wie bei uns Kombinationen. Die gute Nachricht ist, dass man auch die englischen Zahlen nehmen kann und damit immer verstanden wird. Die Schreibweise der Zahlen im Urdu ist vom Arabischen abgeleitet. Die Zahlen werden im Urdu wie bei uns von links nach rechts geschrieben.

Da die Seitenzahlen auf jeder Buchseite auch ausgeschrieben werden, werden hier nur die Zahlen von 0 bis 10 genannt.

٠	0	**sifr**			
١	1	**ek**	٦	6	**che**
٢	2	**do**	۷	7	**sāt**
٣	3	**tīn**	٨	8	**āṯh**
۴	4	**cār**	٩	9	**nau**
٥	5	**pāñc**	١٠	10	**das**

Ab 101 werden die Zahlen ohne ein Bindewort in der Reihenfolge „Hunderter – Zehner – Einer“ zusammengesetzt.

100	**ek sau**	*eins hundert*
101	**ek sau ek**	*eins hundert eins*
102	**ek sau do**	*eins hundert eins*
200	**do sau**	*zwei hundert*
300	**tīn sau**	*drei hundert*
1000	**ek hazār**	*eins tausend*
2000	**do hazār**	*zwei tausend*
10.000	**das hazār**	*zehn tausend*

100.000	**ek lākh**	*eins hunderttausend*
	(geschrieben: „1,00,000")	
1.000.000	**das lākh**	*zehn hunderttausend*
10.000.000	**ek karoṟ**	*eins zehnmillionen*
	(geschrieben: „1,00,00,000")	
1 Milliarde	**ek arab**	*eins Milliarde*
	(geschrieben: „1,00,00,00,000")	

Die Kommata innerhalb von Zahlen werden im Urdu anders gesetzt als bei uns die entsprechenden Punkte.

ek hazār nau sau chihattar
eins tausend neun hundert sechsundsiebzig
1976

nau lākh teīs hazār pāñc sau caurāsī
neun hundertausend dreiundzwanzig tausend fünf hundert vierundachtzig
923.584

Zählen

mere pās pāñc baṯve haiñ.
meine(m Mz) bei fünf Taschen(m Mz) sind
Ich habe fünf Taschen.
(„ich habe sie hier bei mir stehen")

mere cār bacce haiñ.
meine(m Mz) vier Kinder(m Mz) sind
Ich habe vier Kinder.
(„auch wenn sie gerade nicht alle hier sind")

us kī qīmat sāṯh rūpie hai.
jener(g) von Preis sechzig Rupees(m Mz) ist
Das kostet sechzig Rupees.

Beim Zählen stehen die zu zählenden Dinge nach dem Zahlwort. Beachten Sie auch die unterschiedlichen Formulierungen der ersten beiden Sätze mit „haben"!

Ordnungszahlen

Die Ordnungszahlen von „1." bis „10." werden wie Eigenschaftswörter gehandhabt und richten sich in Zahl und Geschlecht nach dem dazugehörigen Hauptwort, dem sie vorangestellt sind.

Es werden hier nur die männlichen Formen angegeben.

Die Ordnungszahlen sind für die Angabe des Datums wichtig.

pehlā	erster	**cha<u>th</u>ā**	sechster
dūsrā	zweiter	**sātvāñ**	siebter
tīsrā	dritter	**ā<u>th</u>vāñ**	achter
cauthā	vierter	**navāñ**	neunter
pāñcvāñ	fünfter	**dasvāñ**	zehnter

pehlā baccā
erster(m) Kind(m)
das erste Kind

dusrī sa<u>r</u>ak
zweite(w) Straße(w)
die zweite Straße

Ab „11." wird -vāñ *(m)* bzw -vīñ *(w)* an die normalen Grundzahlen angehängt. Ansonsten können ab 11 auch einfach die Grundzahlen benutzt werden, auch wenn das grammatikalisch nicht hundertprozentig korrekt ist.

pacahattarvāñ das fünfundsiebzigste

Bruchzahlen

Ähnlich vielfältig wie die Namen der Zahlen sind auch die Bruchzahlen, so gibt es hier wieder einzelne Namen.

1/2	**ādhā**	Hälfte
1/3	**ek tihāī**	ein Drittel
2/3	**do tihāī**	zwei Drittel
1/4	**ek cauthāī**	ein Viertel
3/4	**paun, tīn cauthāī**	drei Viertel
1 1/4	**savā**	eineinviertel
1 1/2	**ḏeṟh**	eineinhalb
2 1/2	**ḏhāī**	zweieinhalb

Die Bruchzahlen werden bei der Angabe der Uhrzeit, aber auch auf dem Markt beim Einkaufen gebraucht.

Uhrzeit

In Pakistan und Indien nimmt man es mit der Pünktlichkeit nicht so genau. Man lebt für den Moment, und wenn man diesen gerade genießt, muss der drauffolgende Termin eben etwas warten. Also bloß keinen Stress!

Uhrzeit

kitne baje haiñ?
wie-viele schlug(m Mz) sind
Wie spät ist es?

Das Tätigkeitswort bajnā (schlagen) steht bei dieser Frage in der Vergangenheit. Die Antwort ist auch nicht kompliziert: Für volle Stunden werden die Grundzahlen benutzt, und zwar nur von 1 bis 12, und man kann sie um die Tageszeit ergänzen (also „morgens“, „nachmittags“, „abends“, „nachts“).

Da ghanṯā (Stunde) ein männliches Hauptwort ist, erhält das Tätigkeitswort bajnā (schlagen) auch eine männliche Endung, obwohl ghanṯā gar nicht genannt wird. Außer für „ein Uhr“ steht es außerdem in der Mehrzahl.

ek bajā hai.
eins schlug(m) ist
Es ist ein Uhr.

do baje haiñ.
zwei schlug(m Mz) sind
Es ist zwei Uhr.

rāt ko gyārah baje haiñ.
Nacht zu elf schlug(m Mz) sind
Es ist elf Uhr nachts.

abhī das baje haiñ.
jetzt zehn schlug(m Mz) sind
Es ist jetzt zehn Uhr.

sekenḏ [second] (m)	Sekunde
minaṯ [minute] (m)	Minute
ghanṯā (m)	Stunde

ham ādhe ghanṯe meñ vāpas āeñge.
wir halb(g) Stunde(g) in zurück kommen-werden(m Mz)
Wir kommen in einer halben Stunde zurück.

Für eine genauere Uhrzeit verwendet man die Bruchzahlen nach folgendem Schema.

paune ...	Viertel vor ...
savā ...	Viertel nach ...
sāṟhe ...	... plus eine halbe Stunde

sāṟhe cār baje haiñ.
plus-halb vier geschlagene schlug(m Mz) sind
Es ist halb fünf.

subh savere paune che baje haiñ.
Morgen früh viertel sechs schlug(m Mz) sind
Es ist Viertel vor sechs Uhr morgens.

dopahr ke ba'd savā pāñc baje haiñ.
Mittag(m) von nach eins-viertel fünf schlug(m Mz) sind
Es ist Viertel nach fünf Uhr nachmittags.

Minutenangaben „vor" der nächsten vollen Stunde drückt man wie folgt aus:

do bajne meñ pāñc minaṯ.
zwei schlagen(g) in fünf Minuten(m Mz)
Es ist fünf vor zwei.

Bei Minutenangaben „nach" der nächsten vollen Stunde wird -kar and den Stamm baj „schlagen" gehängt und auf diese Weise das Gerundium dieses Verbs gebildet.

tīn bajkar das minaṯ.
drei schlagend zehn Minuten(m Mz)
Es ist zehn nach drei.

havāī jahāz che bajkar pandrah minaṯ pahuñcegā.
luftig Gefährt(m) sechs schlagend 15 Minute ankommen-wird(m)
Das Flugzeug wird um 6:15 Uhr ankommen.

Rotes Fort, Agra

Kurz-Knigge

Pakistan ist ein traditionell religiöses Land, in dem die Werte und Regeln des Islam das tägliche Leben bestimmen. Pakistanis, aber auch indische Moslems sind hilfsbereit und offenherzig. Man ist stolz und gibt sich seriös, aber auch sehr gastfreundlich. Als Tourist hat das den Vorteil, dass man – im Vergleich zu anderen Ländern Asiens – relativ problemlos einen Einblick in das alltägliche Leben der Einheimischen bekommen kann. Aus dem Islam haben sich allerdings einige Regeln und Umgangsformen gebildet, die uns vielleicht fremd scheinen, die aber bei Beachtung dem Besucher das Leben sehr vereinfachen können.

Der westliche Besucher sollte grundsätzlich Verständnis und Toleranz mitbringen und dem fremden Umfeld ohne Vorurteile begegnen. Kritik an Religion oder Gepflogenheiten sind unbedingt zu vermeiden. Man sollte nicht vergessen, dass man Gast ist und den Gesetzen seines Gastlandes Folge leisten muss. Im Folgenden wird versucht, einige dieser grundsätzlichen Regeln aufzuführen, um als Europäer Fettnäpfchen zu vermeiden.

Grundsätzlich: Sie sind als Besucher nicht nur ein Individuum, sondern Sie repräsentieren Ihr Heimatland und die westliche Welt allgemein. Seien Sie sich im Klaren darüber, dass es in Ihrer Hand liegt, das Bild des westlichen Touristen zu prägen. Um so wichtiger ist seriöses Auftreten!

Kleidung

Ein nackter Oberkörper ist vollkommen unmöglich. Und vom Hippie-Outfit vieler Touristen muss in Pakistan auf jeden Fall abgeraten werden.

Trotz des heißen Klimas sollte man als Mann immer lange Hosen tragen und auf Shorts und ärmellose Hemden oder T-Shirts verzichten. Bei Männern ist es gerne gesehen, wenn sie „männlich" wirken, d. h. dezente Farben tragen und nicht ungepflegt oder verwahrlost aussehen. Als Frau ist es unbedingt notwendig, Hosen oder Röcke zu tragen, die bis über das Knie reichen. Auch müssen Dekolleté und die Schultern stets bedeckt sein. Ein BH ist außerdem immer zu tragen. Typisch pakistanische Kleidung, wie *Pathani Suits* oder *Shalwar Qameez,* können speziell bei Bus- und Zugreisen sehr praktisch und bequem sein. Außerhalb der großen Städte sind die Menschen noch mehr den gesellschaftlichen Regeln verhaftet, Kleidungsvorschriften sollten hier auf jeden Fall eingehalten werden.

Alkohol

Da Moslems das Trinken von Alkohol verboten ist, bekommt man ihn in Pakistan nur auf illegale Weise, und als Nicht-Moslem in kontinentalen Restaurants und internationalen Hotels. In Indien gibt es außerdem noch die so genannten *permit rooms,* in denen Alkohol eigentlich nur an Männer ausgeschenkt wird.

Ramadan

Der Fastenmonat Ramadan erinnert den gläubigen Moslem an die Offenbarung des Koran. Von Sonnenaufgang bis Sonnenuntergang ist es ihm verboten zu essen, zu trinken und zu rauchen. Als Nicht-Moslem ist man zwar nicht gezwungen teilzunehmen, sollte aber trotzdem all diese Tätigkeiten in der Öffentlichkeit unbedingt vermeiden.

Mann & Frau

Die Rolle von Mann und Frau ist im Islam sehr klar definiert. Westliche Paare sollten in der Öffentlichkeit auf jede Art von Zärtlichkeit (vom Händchenhalten angefangen) verzichten. Zusätzlich ist es für unverheiratete Paare sicher nicht verkehrt, sich als Ehepaar auszugeben. In Hotels ist das oft die einzige Möglichkeit, ein Doppelzimmer zu bekommen. Als Mann sollte man pakistanischen Frauen unbedingt auf dezente und zurückhaltende Weise begegnen. Wenn Sie beispielsweise auf der Straße nach etwas fragen, wenden Sie sich nur an Gleichgeschlechtliche und berühren Sie nicht Anders-Geschlechtliche.

linke Hand

Die linke Hand gilt als unrein, da man sich mit ihr (z. B. nach der Toilette) wäscht. Daher darf man nie jemanden mit ihr begrüßen und sie auch nicht verwenden, um Speisen, Geschenke usw. zu übergeben.

Schimpfen, Fluchen

Noch etwas zum Thema Sprache an sich: Die Einheimischen achten auf eine gepflegte Sprache, und als Ausländer sollte man dies auch tun. Schimpfen und Fluchen sind unüblich und bei Ausländern gar nicht gerne gesehen.

Wenn man die fremden Sitten respektiert und die Menschen höflich behandelt, kann eigentlich nichts schief laufen.

Begrüßen & Verabschieden

Die Begrüßung ist oft das Wichtigste in einer Sprache, da man über sie den tatsächlichen Kontakt mit einer Person aufbaut. Im Urdu ist das erst recht so. Es gibt unendlich viele „Begrüßungszeremonien", und auf viele Floskeln gibt es eine entsprechende Antwort. Der übliche Gruß zu jeder Tageszeit ist auf Arabisch:

Bei arabischen und persischen Floskeln wird hier auf eine detaillierte Wort-für-Wort-Übersetzung verzichtet.

assalāmu 'alaikum!
der-Frieden über-euch
Friede sei mit dir! *(Gruß)*

va 'alaikum assalām!
und-über-euch der-Frieden
Und mit dir. *(Antwort)*

Dabei wird die rechte Hand zum eigenen Herzen geführt. Dieser Gruß wird von Moslems benutzt. Als Ausländer kann man damit aber zum Ausdruck bringen, dass man die Sitten kennt und seinen Gegenüber respektiert.

Will man den religiösen Unterton vermeiden, sagt man:

Etwas unkonventioneller ist dieser teils aus dem Englischen stammende Gruß.

hello jī!
hallo Seele(m)
Hallo! *(unkonventionell)*

ādāb!
Gruß
Guten Tag!

namaste! / namaskār! *(zu Hindus in Hindi)*
Guten Tag! / Auf Wiedersehen!

sat shrī akāl! *(zu Sikhs in Pandschabi)*
Guten Tag! / Auf Wiedersehen!

Wenn man sich besser kennt, umarmt man sich zur Begrüßung, und Frauen küssen sich oft auf die Wange. Sonst gibt man sich die Hand. Außerdem ist wichtig, dass man zum Beispiel beim Betreten eines Raumes oder in einer Runde jeden Anwesenden begrüßt. Dabei gilt für den Mann, nur Männern die Hand zu geben, und die anwesenden Frauen selbst entscheiden zu lassen, ob sie einem die Hand reichen oder nicht. Als westliche Frau kann man einheimische Männer ruhig begrüßen.

kyā hāl hai?
was Zustand(m) ist
Wie geht es Ihnen?

Auf einen Gruß folgt immer die Frage nach dem Befinden.

āp kaise haiñ?
Sie wie(m Mz) sind
Wie geht's?

āp kaisī haiñ?
Sie wie(w) sind
Wie geht's? *(zu Frauen)*

kaise mizāj?
wie(m Mz) Laune(m)
Wie geht's so?

mizāj sharīf?
Laune(m) ehrvoll
Wie geht es?

Da sich Männer nicht nach dem Befinden der Frau und / oder Tochter erkundigen – auch Ausländer sollten diesen Formfehler nicht begehen! –, fragt man allgemein:

āp ke xāndān kā hāl kyā hai?
Sie von Familie(m) von Zustand(m) was ist
Wie geht es der Familie?

sab t̲hīk hai! | **t̲hīk t̲hāk hai!**
alles gut ist | *gut gut ist*
Alles in Ordnung! | Alles okay! *(Wortspiel)*

Pakistanis halten sich mit Aussagen über Schwierigkeiten und Unwohlsein zurück, da sie andere nicht mit ihren Problemen belasten wollen. Höchstens ältere Menschen beschweren sich mal über körperliche Leiden.

Oft sagt man als Antwort auf die Frage nach dem Wohlbefinden auch:

Diese geradezu poetischen Ausdrucksweisen sind typisch für das Urdu!

āp kī du'ā hai!
Sie von(w) Gebet(w) ist
(etwa:) Es geht mir gut, da Sie für mich beten!

Wenn man jemanden kennen gelernt hat, sagt man:

āp se milkar bar̲ī xūshī huī!
Sie von treffend groß Freude(w) seiend(w)
Sehr erfreut, Sie kennen gelernt zu haben!

mujhe bhī!
mir auch
Ebenso! *(Standardantwort)*

Nicht selten hört man aber auch einfach das englische bāi-bāi [bye-bye].

Als Abschiedsformel verwendet man meistens:

xudā hāfiz! | **phir mileñge!**
Gott(m) schütze | *wieder treffen-werden(m Mz)*
Auf Wiedersehen! Bis bald!

Namen & Anrede

Das Namensystem Pakistans unterscheidet sich grundlegend von unserem europäischen. Nachnamen gibt es erst seit kurzem und auch nur unter der Stadtbevölkerung.

Namen

Der Name setzt sich aus drei Teilen zusammen. Die Person mit Namen muhammad qāsim xān kann z. B. mit muhammad sāhib, qāsim sāhib oder xān sāhib angeredet werden. Meist nennen die Menschen sowieso nur den Namen, mit dem sie gerufen werden wollen. Wollen Sie den vollständigen Namen wissen, fragen Sie:

āp kā pūrā nām kyā hai?
Sie von ganz Name(m) was ist
Wie ist Ihr vollständiger Name?

Die höflichste Art, nach dem Namen einer Person zu fragen, ist: āp kā ism-e sharīf kyā hai? *„Wie lautet Ihr werter Name?“*

Der letzte Name (im obigen Beispiel: xān) bezeichnet oft die ursprüngliche Herkunft der Familie. xān ist beispielsweise ein mongolischer Titel. buxārī zeigt an, dass die Vorfahren des Sprecher aus dem usbekischen Bukhara kommen, und yazdī ist ein Zeichen dafür, dass es sich hier um Einwanderer aus dem iranischen Yazd handelt. Pakistanis sind sehr stolz auf ihre Herkunft, und sie betonen, dass sie aus einem bestimmten Gebiet kommen, auch wenn das schon mehrere Generationen zu-

Übrigens: Die meisten Urdu-Muttersprachler in Pakistansind solche muhājir.

rückliegt und sie noch nie in dem angesprochenen Gebiet waren. Ein Teil der Bevölkerung kam bei der Teilung 1947 als Flüchtlinge nach Pakistan. Unter diesen sogenannten muhājir (Flüchtlinge) sind viele aus den heute indischen Provinzen U. P. (uttar pradesh, vormals United Provinces) und dem Pandschab.

Anrede

Genauso wichtig wie die Begrüßung ist die richtige, höfliche Anrede, die im Urdu etwas differenzierter ist als im Deutschen. So verwendet man sāhib und sāhiba für unser „Herr …" und „Frau …":

hāñ, sāhib!
ja Herr(m)
Ja, mein Herr!

xān sāhib
Khan Herr(m)
Herr Khan

nahīñ, begam sāhiba!
nicht Dame Frau(m)
Nein, meine Dame!

Sehr häufig benutzt wird auch die Floskel jī (Seele), etwa: „mein Herr" oder „Gnädigste".

nahīñ, jī!
Nein, mein Herr!

Ältere Männer oder Respektpersonen redet man mit janāb, huzūr oder miyāñ an, die alle in etwa „mein Herr" heißen. Alte Personen sollte man mit einer der folgenden Respektsformen betiteln:

hājji!	**māmā jī!**	**māmī jī!**
Pilger!	Onkel!	Tante!

Westlich gekleidete Personen werden auch noch mit den englischen Höfligkeitstiteln angeredet:

sar! [sir]	**medem!** [madam]
Mein Herr!	Meine Dame!

Für Jüngere und Gleichaltrige sowie Taxifahrer, Kellner usw. verwendet man:

bhāī sāhib!	**behn! / dīdī!**
Bruder(m) Herr(m)	Schwester!
Bruder!	

Wenn Sie älter als zwanzig sind, wird es Ihnen oft passieren, dass Kinder Sie folgendermaßen anreden:

añkal [oncle] **jī!**	**āñṯī** [auntie] **jī!**
Onkel!	Tante!

xush āmaded añkal [oncle] **jī!**
froh willkommen Onkel Seele
Willkommen, „Onkel"!

Bitten & Danken

Mit einem Smartphone können Sie sich die mit einem 𝄋 gekennzeichneten Sätze dieses Kapitels anhören. Scannen Sie einfach den QR-Code mit Hilfe einer kostenlosen App (z. B. „Barcoo" oder „Scanlife").

Das „Bitte" in unserem Sinn gibt es im Urdu mehr als Übersetzung aus dem Englischen. Man gebraucht es aber weit weniger als in Europa. Verschiedene Floskeln sind einfach unnötig, da es sich von selbst versteht, dass man beispielsweise um etwas bittet und nicht einfach verlangt. Aus diesem Grund gibt es im Urdu keine wirklich echte Entsprechung für unser „Bitte".

mihrbānī karke!
Freundlichkeit(w) machend
Bitte! *(wenn man sehr höflich sein will)*

mihrbānī karke, mujhe yeh batāīe ... !
Freundlichkeit(w) machend mir dies sage-Sie! ...
Seien Sie so nett, erklären Sie mir bitte ... !

Öfters verwendet man das Wörtchen zarā (wenig), das in etwa mit unserem „doch" verglichen werden kann und die Aufforderung abschwächen soll.

zarā hamāre lie cāe lāo!
wenig unser für Tee(w) bring-!
Bringe uns doch bitte Tee!

zarā āhistā bolīe!
wenig langsam sprich-Sie!
Sprechen Sie doch bitte langsam!

Da das Konzept von „Bitte“ eben aus dem Englischen importiert wurde, sagt man auch öfters gleich plīz [please].

mujhe ek ṯikaṯ cāhīe, plīz.
mir eins Fahrkarte(m) wollend bitte
Ich möchte bitte eine Fahrkarte!

Das anbietende „Bitte sehr!“ wird speziell durch die höfliche Befehlsform ausgedrückt.

andar āīe!
hinein komm-Sie!
Bitte kommen Sie herein!

Wer noch höflicher sein will, kann dem Tätigkeitswort noch ein -gā anhängen!

andar āīegā!
hinein komm-Sie!(höfl.)
Bitte kommen Sie doch herein!

Wenn man um etwas ersucht, sagt man batāīe *(dieser sage-Sie)*. Dies ist z. B. auch am Telefon üblich.

batāīe, ḏākxānā kahāñ hai?
dieser sage-Sie! Postamt(m) wo ist
Sagen Sie mir bitte wo die Post ist!

mujhe batāīe, aslam hai?
mir sage-Sie Aslam ist
Ist Aslam bitte zu Hause? *(am Telefon)*

„Danke" heißt auf Urdu shukriyā. Dies ist wohl in jeder Sprache mit das wichtigste Wort!

shukriyā, bhāī sāhib!
danke Bruder(m) Herr(m)
Danke, mein Bruder!

is da'vat ke lie bahut shukriyā!
diesem Einladung[g](w) von für viel danke
Vielen Dank für die Einladung.

Außerdem kann man mihrbānī (Freundlichkeit) sagen.

āp log bahut mihmān navāz haiñ! mihrbānī!
Sie Leute(m,Mz) sehr Gast(m) erbarmend sind Freundlichkeit(w)
Sie sind sehr gastfreundlich! Danke schön!

Aber auch hier kann man das englische thainkyū [thank you] verwenden.

Auf „Danke" (und auch auf eine Entschuldigung) antwortet man koī bāt nahīñ!, das unserem „Bitte sehr!", „Gern geschehen" entspricht.

koī bāt nahīñ!
einige Wort nicht
Bitte sehr! Gern geschehen.

Floskeln & Redewendungen

Den letzten Schliff in einer Sprache bekommt man durch Floskeln und Redewendungen. Die wichtigsten und häufigsten des Urdu sind hier aufgeführt.

Mit einem Smartphone können Sie sich die mit einem 👂 gekennzeichneten Sätze dieses Kapitels anhören.

Sich entschuldigen

m'āf kījīe!
verzeihend mach-Sie!
Verzeihen Sie mir!

m'āf karo!
verzeihend mach-!
Verzeih mir!

mujhe afsos hai!
mir Leid(m) ist
Es tut mir Leid!

koī bāt nahīñ!
einige Wort(w) nicht
Das macht nichts!
(Antwort)

Zustimmen & Ablehnen

hāñ!	Ja!
hāñ jī! *ja Seele(m)*	Ja, sicher!
bilkul!	Auf jeden Fall!
zarūr!	Natürlich!
inshā' allāh! *wenn-will Gott(m)*	So Gott will!
shāyed!	Vielleicht!
ho saktā hai! *sein(-) können(m) ist*	Das kann sein!
nahīñ! *nicht*	Nein!

nahīñ jī! *nicht Seele(m)*	Nein!
bad qismatī se! *schlecht schicksalshaft[g] von*	Leider!

maiñ rāzī hūñ!
ich einverstanden bin
Ich bin einverstanden!

maiñ rāzī nahīñ (hūñ)!
ich einverstanden nicht (bin)
Ich bin nicht einverstanden!

āp ne bilkul ṯhīk kahā!
Sie von ganz gut sagte(m)
Sie haben Recht!

yeh to sac hai!
dieser so richtig ist
Das stimmt!

Schwören

vāq'i!	Wirklich!
bilkul!	Echt!
haqīqat meñ ... !? *Wahrheit[g](w) in*	Echt wahr ... !?

Überrascht sein

allāhu akbar!
Gott(m) am-größten
Gott ist groß!

māshā' allāh!
was-will Gott(m)
Was Gott alles will! *(bewundernd)*

xūsh qismatī se!
glücklich schicksalshaft[g] von
Gott sei Dank!

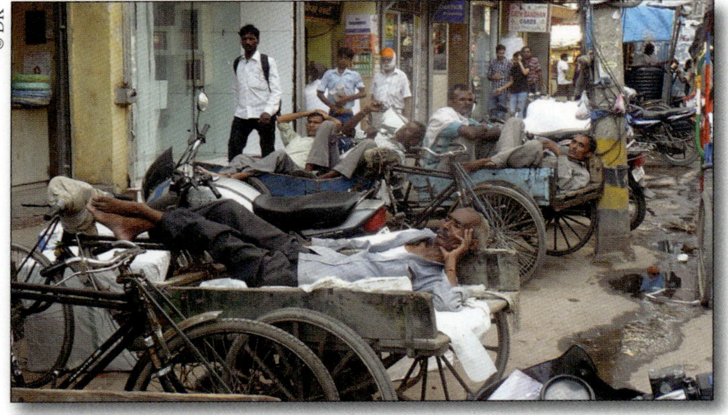

Relaxende Rikschafahrer

Das Wörtchen acchā (gut) kann je nach Betonung eine Menge Bedeutungen haben:

acchā!
Gut! *(begeistert)*
Toll! *(bewundernd)*
Ich verstehe! Ja, in Ordnung! *(zustimmend)*
Na gut, wenn es denn unbedingt sein muss! *(etwas unzufrieden)*
acchā?
Ehrlich? *(bewundernd)*
Nein, wirklich? Gibt es denn so was? *(überrascht)*
Tatsächlich? Kein Witz? *(zweifelnd)*
Was? Das meinst du doch nicht ernst? *(leicht kritisierend)*

Höflichkeitsfloskeln

Urdu ist eine sehr höfliche Sprache. Ein wichtiger Ausdruck ist tashrīf (Ehre), das in verschiedenen Ausdrücken verwendet wird. Die beiden meist gebrauchtesten sind:

tashrīf lāīe!
Ehre(w) bring-Sie!
Treten Sie ein!

tashrīf rakhīe!
Ehre(w) stell-Sie!
Setzen Sie sich!

religiöse Floskeln

Besonders auf die Frage, ob es einem gut geht, antworten gläubige Muslime häufig ilhamdu lillāh! *„Lob sei Gott!"*

Wie schon gesagt, sind die Pakistanis sehr gläubig, und dementsprechend gibt es eine Menge an Floskeln und Koranversen, die häufig gebraucht werden. Die folgenden Aussprüche sind auf Arabisch.

Vor einer Tätigkeit sagt der gläubige Moslem immer:

bismillāh ir-rahmān ir-rahīm!
mit-Namen-Gottes der-Allmächtige der-Barmherzige
Im Namen Gottes des Allmächtigen und Barmherzigen!

Nach der geglückten Durchführung sagt man eine der nächsten Floskeln:

Will man jemandem gratulieren, sagt man auf Urdu: mubārakbād! *„Glückwunsch!"*

subhān allāh!
Lob(m) Allah(m)
Gott sei gelobt!

allāh kā shukar!
Gott(m) von Dank(m)
Dank sei Gott!

Das erste Gespräch

Pakistanis und Inder sind sehr aufgeschlossen und neugierig. Sie werden es sich nicht entgehen lassen, einen so „exotischen" Fremden wie Sie willkommen zu heißen. Wenn sich dann noch herausstellt, dass dieser „Exote" Urdu spricht, muss man natürlich erstmal einige Informationen erfragen. – Seien Sie offen gegenüber diesen oft spontanen Treffen und üben Sie sich in der Sprache!

Hier ein typischer Ablauf eines ersten Gespräches.

assalāmu 'alaikum bhāī sāhib / behn sāhiba!
der-Friede über-euch Bruder(m) Herr(m) / Schwester(w) Frau(w)
Sei willkommen, mein/e Freund/in!

va 'alaikum assalām!
und-über-euch der-Frieden
Danke schön.

kyā hāl hai?
was Zustand(m) ist
Wie geht es Ihnen?

sab ṯhīk hai! aur āp sunāīe?
alles gut ist und Sie lassen-hören-Sie
Alles in Ordnung! Und wie geht es Ihnen?

maiñ bhī acchā / acchī hūñ! allāh kā shukar!
ich auch gut(m/w) bin Gott(m) von Dank(m)
Gott sei Dank auch gut, danke! *(Mann / Frau)*

kahāñ se (haiñ) āp?
wo von (sind) Sie
Woher kommen Sie?

jarmanī [Germany] **se!**
Deutschland von
Aus Deutschland!

Das erste Gespräch

Die höflichste Art, auf Urdu nach jemandes Herkunft zu fragen, lautet:
āp kā ta'aluq kahāñ se hai?
„Sie von Verbindung wo von ist" (Woher kommen Sie?)

maiñ jarman [German] **hūñ.**
ich Deutsch bin
Ich bin Deutscher / Deutsche.

ham jarman [German] **haiñ.**
wir Deutsch sind
Wir sind Deutsche.

āstriyā [Austria]	Österreich
āstriyan [Austrian]	österreichisch; Österreicher/in
svitzarlaiñd [Switzerland]	Schweiz
svis [Swiss]	schweizerisch; Schweizer/in
haleñd [Holland]	Niederlande
dac [Dutch]	niederländisch; Niederländer/in

māshā' allāh! āp ek pākistānī jaise / jaisī urdū jānte / jāntī haiñ.
was-will Gott(m) Sie eins Pakistani wie(m/w Mz) Urdu(w) wissen(m/w Mz) sind
Wirklich wahr? Sie sprechen Urdu wie ein / eine Pakistani. *(zum Mann / zur Frau)*

Auf eine solche Äußerung sollte man immer bescheiden reagieren. Die beste Antwort ist wohl:

jī nahīñ, mujhe sirf thoṟī urdū ātī hai ...
Seele(m) nicht, mir nur wenig Urdu(w) kommen(w) ist
Aber nicht doch, ich kann erst wenig ...

... lekin maiñ ziyāda sikhnā cāhtā / cāhtī hūñ!
... aber ich mehr lernen wollen(m/w) bin
... aber ich will mehr lernen! *(sagt Mann / Frau)*

kitnī bār āp pākistān gaye the / gaī thīñ?
wie-viel Mal(w) Sie Pakistan gingen(m Mz) waren(m Mz) / gingen(w Mz) waren (w Mz)
Wie oft waren Sie schon in Pakistan? *(zum Mann / zur Frau)*

yeh merī tīsrī bār hai.
dieses mein dritte Mal(w) ist
Dies ist mein drittes Mal.

āp kā nām kyā hai?
Sie von Name(m) was ist
Wie heißen Sie?

merā nām ... hai.
mein Name(m) ist
Ich heiße ...

āp kī 'umar kyā hai?
Sie von Alter(w) was ist
Wie alt sind Sie?

maiñ paccīs sāl kā hūñ.
ich 25 Jahr(m) von bin
Ich bin 25.

kyā āp shādīshudā haiñ?
was Sie verheiratet sind(Mz)
Sind Sie verheiratet?

Von höchstem Interesse ist immer die Familie.

nahīñ, maiñ ġair shādīshudā hūñ.
nicht ich ohne verheiratet bin
Nein, ich bin noch ledig.

hāñ jī, maiñ shādīshudā hūñ.
ja Seele(m) ich verheiratet bin
Ja, ich bin verheiratet.

āp ke kitne bacce haiñ?
Sie von wieviele Kinder(m Mz) sind
Wie viele Kinder haben Sie?

hamāre ek beṯā aur ek beṯī haiñ.
unsere eins Sohn(m) und eins Tochter(w) sind
Wir haben einen Sohn und eine Tochter.

āp kyā kām karte / kartī haiñ?
Sie was Arbeit(m) machen(m/w Mz) sind
Was sind Sie von Beruf? *(zum Mann / zur Frau)*

maiñ ... hūñ. *ich ... bin*	Ich bin ...
mazdūr	Arbeiter
berozgār	arbeitslos
ḏākṯar [doctor]	Arzt, Ärztin
kisān	Bauer
afsar [officer]	Beamter
foṯogrāfer [photographer]	Fotograf
kārobārī	Geschäftsmann
injīnīr [engineer]	Ingenieur
sahāfī	Journalist
ustād, ṯīcar [teacher]	Lehrer
tālib-e 'ilm *Sucher-von Wissenschaft*	Student
ṯūrisṯ, musāfir	Tourist

kyā āp ko pākistān pasand hai?
was Sie zu Pakistan(m) gefallend ist
Gefällt Ihnen Pakistan?

mujh ko bahut pasand hai!
mir zu sehr gefallend ist
Es gefällt mir sehr!

dihlī tumeñ kaisā lagtā hai?
Delhi(m) dir wie fühlen(m) ist
Wie gefällt dir Delhi?

Die Angabe „*m*" im nächsten Satz bezieht sich auf „Delhi" im vorangegangenen Satz. Falls man also statt „Delhi" ein weibliches Hauptwort einsetzt, muss man in der Antwort acchī statt acchā sagen.

mujhe bahut acchā lagtā hai.
mir sehr gut fühlen(m) ist
Es gefällt mir sehr gut.

Übrigens: Wenn man privat eingeladen wird, ist dies eine große Ehrbezeugung an den Gast.

calo bhāī / behn! cāe piyo hamāre sāth!
geh-! Bruder(m) / Schwester(w) Tee(w) trink-! unsere mit
Los, komm und trinke Tee mit uns!

acchā! calīe, cāe pīeñ!
gut geh-Sie! Tee(w) trinken-lasst!
Sehr gerne, lasst uns Tee trinken!

Zu Gast sein

Mit einem Smartphone können Sie sich die mit einem 𝄐 gekennzeichneten Sätze dieses Kapitels anhören.

Bei einer einheimischen Familie zu Gast zu sein, ist wohl mit die beste Möglichkeit, Bevölkerung und Land kennen zu lernen.

Familie ist in Südasien überaus wichtig. Unser Individualismus ist den Indern und Pakistanis fremd. Man lebt in und für die Gemeinschaft und stellt seine eigenen Ziele sicher nicht über die der Familie. Probleme werden zusammen geklärt, und es besteht eine klar definierte Hierarchie zwischen einzelnen Personen, aber auch zwischen Männern und Frauen. In den Großstädten des Landes ist das selbstverständlich lange nicht so ausgeprägt wie in den ländlichen Gegenden.

Zur Begrüßung und zur Verabschiedung umarmt man sich (zumindest Männer und Frauen jeweils untereinander).

tashrīf lāīe!
Ehre(w) bring-Sie!
Treten Sie ein!

xūsh āmaded!
froh willkommen
Herzlich willkommen!

mihrbānī!
Freundlichkeit(w)
Danke sehr.

kyā hāl hai?
was Zustand(m) ist
Wie geht es Ihnen?

sab ṯhīk hai!
alles gut ist
Alles in Ordnung!

āp ke xāndān kā hāl kyā hai!
Sie von Familie(m) von Zustand(m) was ist
Wie geht es der Familie?

āp kī du'ā hai!
Sie von(w) Gebet(w) ist
Es geht gut, da Sie für uns beten!

Als Gast sollte man zu einer Einladung grundsätzlich Verständnis und Interesse mitbringen. So werden z. B. beim Betreten meist die Schuhe ausgezogen. Man begrüßt zuerst den Gastgeber, dann ältere Leute und danach alle anwesenden Männer. Es ist nicht gesagt, dass man als Mann zwangsläufig den Frauen des Hauses vorgestellt wird und sollte daher auch nicht darauf bestehen.

Oft gibt es eigene Räume, in denen sich die Frauen aufhalten. Wie überall auf der Welt sind die Kinder ein wichtiges Gesprächsthema, und es erleichtert oft das erste Eis zu brechen. Wenn man etwas mitbringen will, was übrigens nicht zwingend ist, kann man kleine Geschenke oder Süßigkeiten für die Kinder besorgen – das wird immer sehr geschätzt.

In vielen Dörfern der pakistanischen Provinzen Khyber Pakhtunkhwa und Gilgit-Baltistan sowie in den Federally Administered Tribal Areas (FATA) werden fremde Männer grundsätzlich in separaten Gästeräumenempfangen und bewirtet. Natürlich ebenfalls nur von Männern!

Familie

Die Grundlage der pakistanischen und indischen Gesellschaft ist, wie bereits erwähnt, die Familie. In Südasien lebt man in und mit Großfamilien und sieht sich selbst als Teil einer solchen. Die Blutsverwandschaft gilt als heilig, und man verhält sich oft nur deshalb auf eine ganz bestimmte Weise, um das Ansehen der Verwandten nicht zu beschädigen.

Auf Einladungen kann man Folgendes antworten:
maiñ barī xūshī se āp kī da'vat qabūl kartā / kartī hūñ!
Ich (m/w) nehme Ihre Einladung mit großer Freude an!

Zu Gast sein

Im Urdu wird ganz klar definiert, um welche Verwandtschaftsbeziehung es sich handelt.

xāndān	Familie
vālid	Vater
vālida (w)	Mutter
ammāñ (w)	Mama
dādā	Großvater (väterl.)
dādī (w)	Großmutter (väterl.)
nānā	Großvater (mütterl.)
nānī (w)	Großmutter (mütterl.)
bacce	Kinder
beṯā	Sohn
beṯī (w)	Tochter
bhāī	Bruder
baṟe bhāī	älterer Bruder
behn (w)	Schwester
baṟī behn (w)	ältere Schwester
cācā	Onkel (väterl.)
cācī (w)	Tante (väterl.)
māmā	Onkel (mütterl.)
māmī (w)	Tante (mütterl.)
kazin [cousin] (m/w)	Cousin/e
dūlhā	Bräutigam
dulhan (w)	Braut
shauhar	Ehemann
bīvī (w)	Ehefrau
sālā	Schwager
sālī (w)	Schwägerin
sasur	Schwiegervater
sās (w)	Schwiegermutter
dāmād	Schwiegersohn
bahū (w)	Schwiegertochter
hamsāyā	Nachbar

Achtung: sālā *ist auch ein Schimpfwort und sollte deshalb mit Vorsicht verwendet werden!*

In Pakistan und Indien ist es üblich, als Mädchen mit 20 und als Junge mit spätestens 25 verheiratet zu sein.

merī begam se milīe!
meine Ehefrau(w) mit triff-Sie!
Dies ist meine Ehefrau!

kyā āp shādīshudā haiñ?
was Sie verheiratet sind(Mz)
Sind Sie verheiratet?

āp ke kitne bacce haiñ?
Sie von wie-viele Kinder(m Mz) sind
Wie viele Kinder haben Sie?

Fünf bis acht Kinder pro Familie sind keine Seltenheit. Falls Sie mal einen Mann kennen lernen, dessen Namen kāfin (genügend) ist, wissen Sie, dass er das letzte Kind seiner Eltern ist. kāfin heißt nämlich auch „jetzt reicht's!".

tumhāre xāndān meñ kitne log haiñ?
deine(g) Familie[g] in wie-viele Leute(m Mz) sind
Wie viele seid ihr denn in deiner Familie?

bei Tisch

tashrīf rakhīe!
Ehre(w) stell-Sie!
Setzen Sie sich!

āp kyā pīeñge / pīeñgī?
Sie was trinken-werden(m/w Mz)
Was wollen Sie trinken?
(zum Mann / zur Frau)

xair, mere lie ek cāe, mihrbānī karke!
gut meine für eins Tee(w) Freundlichkeit machend
Na gut, einen Tee bitte!

āp ke bacce bahut acche haiñ.
Sie von Kinder(m Mz) sehr gut(m Mz) sind
Ihre Kinder sind sehr nett.

In diesem Zusammenhang sei noch der Satz takalluf bar taraf! *(in etwa: Kein Grund zum Schüchternsein!) erwähnt, den man zu Gästen sagt, die bei Speis und Trank nicht ordentlich zugreifen.*

shukriyā! āīe khānā tayyār hai!
danke komm-Sie! Essen(m) fertig ist
Danke! Kommen Sie, das Essen ist fertig!

Wenn man gehen will, muss man schon sehr diplomatisch sein, um nicht den Eindruck zu erwecken, dass es einem nicht gefallen hat. Man kann zum Beispiel Folgendes sagen:

is da'vat ke lie bahut shukriyā!
jene Einladung[g](w) von für sehr danke
Vielen Dank für die Einladung!

inshā' allāh ham phir mileñge!
wenn-will Gott(m) wir wieder reden-werden(m Mz)
Hoffentlich bis bald!

xudā hāfiz!
Gott(m) schütze
Auf Wiedersehen!

āp kī mihrbānī hai!
Sie von Freudlichkeit(w) ist
Sehr freundlich von Ihnen!

Religion, Kalender & Feiertage

Die Staatsreligion Pakistans ist der Islam. Schon ab dem 11. Jahrhundert versuchten arabische und persische Moslems, Südasien zu islamisieren. Die Pakistanis sind mehrheitlich Sunniten, aber es gibt große schiitische und andere Minderheiten, wie die Ahmadiyya oder zahlreiche Sufi-Orden.

Vielen dieser Untergruppen ist gemein, dass sie Bräuche und Riten haben, die es in den meisten anderen islamischen Staaten nicht gibt. So findet man oft Mausoleen und andere Schreine, die an Heilige aus dieser Region erinnern. Die Ahmadiyyas glauben sogar an einen weiteren Propheten nach Mohammed: Hazrat Mirza Ghulam Ahmad aus dem Pandschab. Die Sufis sind ein gutes Beispiel für einen etwas anderen Islam. Ihre Feste in der Provinz Sindh und im Pandschab sind übrigens für den interessierten Reisenden ein absolutes Muss.

Der Monat Muharram mit seinen Selbstgeißelungsprozessionen in ausdrücklich schiitischen Gebieten, wie zum Beispiel in Peshawar, ist ebenfalls interessant.

Die Prozessionen sind sehenswert, weil sie einen sehr mystischen und geheimnisvollen Islam wiederspiegeln und gar nicht so blutrünstig sind, wie es klingt.

Pakistan ist ein sehr religiöses Land, und auch in islamischen Gegenden Indiens sollte man davon ausgehen, dass man es mit sehr gläubigen Menschen zu tun hat. Der Islam regelt das gesamte Leben der Einheimischen und ist dabei viel tiefer in den familiären und

In den autonomen Gebieten der pakistanischen Provinzen Khyber Pakhtunkhwa und Gilgit-Baltistan sowie in den Federally Administered Tribal Areas (FATA) sind die Menschen traditionell tiefgläubig, und seit einigen Jahre regelt hier wieder die shari'a *den Alltag. Erkundigen Sie sich nach eventuellen Kleidungsvorschriften für diese Regionen!*

zwischenmenschlichen Strukturen des Alltags ausgeprägt als das Christentum bei uns. Als Besucher in Pakistan oder dem moslemischen Indien sollte man Verständnis, Toleranz und Rücksicht für die Vorstellungen, Riten und Gebräuche der Gläubigen mitbringen. Kritik und Vergleiche zum „Westen" sind nicht angebracht und sollten unbedingt vermieden werden. Die Frage nach der Konfession ist bei Ausländern übrigens üblich. Man sollte hierauf immer antworten, dass man gläubig ist. Die Religion ist zweitrangig. Atheismus dagegen löst nur Unverständnis aus. Nicht-Moslems dürfen in Indien und Pakistan Moscheen normalerweise betreten, doch sollte man im Vorfeld um Einlass bitten.

kyā maiñ is masjid ke andar ā saktā / saktī hūñ?
was ich dieser Moschee[g](w) von hinein kommen(-) können(m/w) bin
Darf ich diese Moschee betreten? *(sagt Mann / Frau)*

kyā āp musalmān haiñ?
was Sie Moslem sind
Sind Sie Moslem?

jī nahīñ, maiñ 'īsā'ī hūñ.
Seele(m) nicht ich Christ bin
Nein, ich bin Christ.

mazhab	Religion
islām	Islam
sunna	Sunna *(Gemeinschaft der Sunniten)*
shi'a	Schi'a *(Gemeinschaft der Schiiten)*
ahmadiyya	Ahmadiyya
musalmān	Muslim
sunnī	Sunnite
shi'ī	Schiite
ahmadī, qadiyānī	Ahmadi
'īsā'ī mazhab	Christentum
'īsā'ī	Christ; christlich
yahūdi	Jude; jüdisch
namāz (w)	Gebet
namāz paṟhnā	beten
hijra	Pilgerfahrt nach Mekka
qur'ān sharīf *Koran ehrwürdig*	Koran
hadīth	Hadith *(Aussprüche Mohammeds)*
masjid (w)	Moschee
mināra	Minarett
mihrāb	Gebetsnische
qibla	Gebetsrichtung
maqbarā	Mausoleum
rasūl	Prophet (Mohammed)
pīr	islamischer Heiliger
imām	Vorbeter der Sunniten
mullah	schiitischer Geistlicher
maulvī	Priester
sharī'a	islamisches Recht

Kalender

roz	Tag
haftā	Woche
mahīna	Monat
sāl, baras	Jahr
pichle sāl *voriges(g) Jahr*	letztes Jahr
agle sāl *nächstes(g) Jahr*	nächstes Jahr

Wochentage

Stellt man den Wochentagen die Postposition ko (zu, nach) nach, bildet man die entsprechenden adverbiellen Ausdrücke der Zeit: itvār ko (sonntags, am Sonntag), somvār ko (montags, am Montag), usw.

itvār	Sonntag
pīr, somvār	Montag
mangal	Dienstag
budh	Mittwoch
jumi'rāt	Donnerstag
jum'a	Freitag
hafta, sanīcar	Samstag

Freitag ist der religiöse Feiertag. somvār wird für „Montag" v. a. im Pandschab verwendet, und sanīcar ist eigentlich der Name des Planeten Saturn, der für viele Pakistanis Unglück bedeutet. Vorsicht also mit dem Gebrauch!

main̄ agle mangal ko āūn̄gā / āūn̄gī.
ich nächster(g) Dienstag(m) nach kommen-werde(m/w)
Ich komme am nächsten Dienstag.
(sagt Mann / Frau)

jum'a ko mujhe fursat nahīñ hai.
Freitag(m) nach mir Freizeit(w) nicht ist
Freitags habe ich keine Zeit.

Monate

Grundsätzlich gibt es in Pakistan und im moslemischen Indien zwei Zeitrechnungen. Erstens die gregorianische, die bei allen weltlichen Zeitangaben verwendet wird, und zweitens die islamische (hijra), die v. a. für religiöse Feste und Feierlichkeiten zuständig ist.

Hier die arabischen Monatsnamen des moslemischen hijra-Kalenders.

al-muharram	1. Monat
safar	2. Monat
rabī' al-awwal	3. Monat
rabī' as-sāni	4. Monat
jumāda al-ūla	5. Monat
jumāda al-āxira	6. Monat
rajab	7. Monat
sha'bān	8. Monat
ramazān	9. (Fasten-)Monat
shawwāl	10. Monat
zū al-qa'da	11. Monat
zū al-hijja	12. (Pilger-)Monat

Beachten Sie, dass der islamische Kalender nur 354 Tage hat. Die Monate haben immer 30 Tage und „wandern" durch das gregorianische Jahr.

Die Namen der folgenden gregorianischen Monate sind vom Englischen abgeleitet. Sie sind vor allem im Geschäftsleben wichtig.

janvarī	Januar	**julāī**	Juli
farvarī	Februar	**agast**	August
mārc	März	**sitambar**	September
aprail	April	**aktūbar**	Oktober
maiy	Mai	**navambar**	November
jūn	Juni	**disambar**	Dezember

Datum

āj kī tārīx kyā hai?
heute von(w) Datum(w) was ist
Welches Datum ist heute?

Um ein Datum anzugeben, braucht man die Ordnungszahlen.

āj maiy [May] **kī pehlī tārīx hai!**
heute Mai(m) von(w) erste(w) Datum(w) ist
Heute ist der erste Mai.

āj aprail [April] **kī pandravīñ tārīx hai.**
heute April von(w) fünfzehnte(w) Datum(w) ist
Heute ist der 15. April.

merī sālgirah janvarī [January] **kī cauthī tārīx hogī.**
mein(w) Geburtstag(w) Januar von(w) vierte(w) Datum(w) sein-wird(w)
Ich habe am 4. Januar Geburtstag.

navambar [November] **meñ maiñ jarmanī** [Germany] **vāpas jāūngā / jāūngī.**
November(m) in ich Deutschland(m) zurück gehen-werde(m/w)
Ich werde im November nach Deutschland zurückfahren. *(sagt Mann / Frau)*

Jahreszeiten

mausam, fasl	Jahreszeit
bahār	Frühling
garmī	Sommer
xazāñ	Herbst
sardī	Winter

Für „Winter" verwendet man im Urdu auch das persische Wort zamastān.

islamische Feiertage

Der islamische Feiertag ist der Freitag. Obwohl in Pakistan aufgrund des britischen Erbes der Sonntag arbeitsfrei ist, strömen Freitag mittags die Gläubigen in die Moscheen und verrichten das gemeinsame Gebet.

Im Fastenmonat ramazān wird über 30 Tage von Sonnenaufgang bis Sonnenuntergang weder gegessen noch getrunken noch geraucht. Das Ende des Fastenmonats heisst 'īd-ul-fitr oder einfach nur 'īd. Hier darf das erste Mal das Fasten wieder gebrochen werden.

'īd-ul-azhā erinnert an Abrahams Einverständnis, seinen Sohn Isaak zu opfern. Bei diesem Fest opfert der gläubige Moslem eine Ziege (bakrī). Aus diesem Grund wird das Fest auch bakrī 'īd („Ziege Fest") genannt.

Der Trauermonat muharram erinnert an den Tod des Märtyrers Imam Hussain. Schiiten geißeln dann sich selbst als Ausdruck des Schmerzes über dessen gewaltsamen Tod.

Essen & Trinken

Die Küche des indischen Subkontinents alleine ist schon eine Reise wert. Ob man privat, im Restaurant oder an einer der zahlreichen Straßenküchen isst – es ist fast immer ausgezeichnet.

nāshtā	Frühstück
do pahar kā khānā	Mittagessen
shām kā khānā	Abendessen

Frühstück

Speziell auf dem Land kann das Frühstück aber doch äußerst nahrhaft ausfallen. Hier liebt man Fleischspeisen wie qīma *(gewürztes, kurz gebratenes Hackfleisch) oder* nihārī *und* sirī *(beides besteht aus scharf gewürztem Rindfleisch).*

Das pakistanische Frühstück (nāshtā) ist nicht sehr wichtig und besteht nur aus Brot, Toast, etwas Butter, manchmal Ei, und dazu Tee.

roṯī (w), **capātī** (w)	Brot
ṯosṯ [toast]	Toast
parāthā	gefülltes Brot
makhan	Butter
anḏā	Ei
āmleṯ [omelette]	Omelett
cāe (w)	Tee
dūdh	Milch

Mittag- & Abendessen

Die Grundlage für eine pakistanische Speise ist immer Fladenbrot (roṯī / capātī). Es wird zu jeder Mahlzeit frisch auf einer Eisenplatte (tavā) zubereitet. Meist isst man Curries, also Fleisch- oder Gemüsegerichte, die in einer stark gewürzten Sauce gekocht werden. Jede Gegend des Landes hat ihre eigene Methode, Curries zuzubereiten. Einige wichtige sind zum Beispiel:

qormā
Fleisch wird in Joghurt eingelegt und dann in einer braunen Sauce gekocht
roġan josh
ein rotes Curry mit Hammel- oder Lammfleisch
ālū gobhī
ein Kartoffel-Blumenkohl-Curry
maṯar panīr
ein aus Käse bestehendes Curry
pālak panīr
ein Käse-Spinat-Curry

Außer Curries isst man auch viel Dhal. Dieses Gericht besteht aus gekochten Kichererbsen und Linsen und kann ebenfalls mit Fladenbrot gegessen werden. Die wichtigsten Dhal-Sorten sind:

mūñg kī dāl	gelbes Dhal
arhar kī dāl	braunes Dhal
masūr kī dāl	rotes Dhal
māsh kī dāl	schwarzes Dhal
cane kī dāl	braunes Dhal (oft auch gebraten)

Weitere typische Zubereitungsarten, die man nicht versäumen sollte, sind: tīkhā *(trockenes, in Gewürzen mariniertes Fleisch oder Gemüse),* karāhī *(Hammelfleischragout in einer hellen Sauce) und das leckere, in Buttermilch eingelegte* murǵ afǵānī.

Die einzelnen Regionen Pakistans haben auch wieder ihre eigene Art, Dhal zuzubereiten bzw. die verschiedenen Sorten zu vermischen.

Die Moghulen hinterließen dem indischen Subkontinent außerdem eine Küche, in der Fleisch in verschiedensten Arten gebraten oder gegrillt wird. Grundlegend ist hierbei der Tandoor (tandūr), eine Art Holzkohlenofen. Diese Küche nennt man *Mughlai* (muǵlaī); sie ist speziell in Restaurants oft zu finden.

koftā
Hackfleischbällchen in Sauce
kabāb
Hammel- oder Lammfleischspießchen
shāmī kabāb
Fleischkoteletts
sīx kabāb
gebratene Fleischspießchen
tandūrī cikan [chicken]
Hähnchen im Tandoor-Ofen gebraten

Zu Mughlai-Gerichten isst man statt roṯī auch oft tandūrī roṯī oder nān, die auch beide im Tandoor-Ofen zubereitet werden. Zu all diesen Gerichten bekommt man rohe Zwiebeln, Zitronen, in Chili eingelegte Limonen (acār) und verschiedenste mehr oder weniger scharfe Chutneys (catnī).

Der eigentlich typische Reis (cāval) wird in Pakistan wegen des verhältnimäßig hohen Preises nur zu Festmahlen gereicht. Dazu gibt es auch oft Pilau (pulāv), ein in Kochfett (ghī) gekochter gelber Reis, der gerne mit Kumin (zirā) gewürzt wird, und dem Pistazien (pistā), Rosinen (kishmish), Mandeln (bādām) oder andere Zutaten beigefügt werden. Bei biryānī wird gebratener Reis mit Hähnchen- oder Lammfleisch vermischt und mit Joghurt (dahī) gegessen. raitā ist eine Sauce aus Joghurt und Gurken, die einen perfekten Gegensatz zum scharfen Essen darstellt.

Snacks für Zwischendurch

In Pakistan und Indien gibt es zahllose Garküchen und Essensstände (d̠hābā), die unendliche viele Köstlichkeiten (halkā-phulkā khānā) für den Hunger zwischendurch verkaufen. Hier eine Auswahl:

ālū parāt̠hā	mit Kartoffeln gefüllte Rotis
añyen [onion] **parāt̠hā**	mit Zwiebeln gefüllte Rotis
methī parāt̠hā	mit Gewürzen gefüllte Rotis
pudīnā parāt̠hā	mit Minze gefüllte Rotis
samosā	mit Gemüse oder Fleisch gefüllte Teigtaschen
pakaur̠e	in Kichererbsenteig fritiertes Gemüse
pāpad̠	frittierter hauchdünner Linsenmehlfladen zum Knabbern

Wem das alles zu exotisch ist, dem sei an dieser Stelle gesagt, dass es auch immer mehr Restaurants mit kontinentaler und chinesischer Küche gibt.

Zutaten

Fleisch

gosht	Fleisch
machlī (w)	Fisch
murǵī (w)	Hähnchen
bheṟ	Lamm
gāy (w)	Rind, Kuh
bakrī (w)	Ziege

Gemüse

sabzī (w)	Gemüse
baiñgan	Aubergine
(phūl) gobhī (w)	Blumenkohl
bīns [beans]	grüne Bohnen
maṯar	Erbsen
gājar (w)	Karotte
ālū	Kartoffel
band gobhī (w)	Kohl
kaddū	Kürbis
dāl (w)	Linsen
bhinḏī (w)	Okra (Ladyfingers)
pālak	Spinat
ṯamāṯar	Tomate
pyāz (w)	Zwiebel

Gewürze

masālā	Gewürz
hīñg	Asafoetida
tulsī (w)	Basilikum
methī (w)	Bockshornklee
mirc (w)	Chili
adrak	Ingwer
ilāycī (w)	Kardamon
lahsun	Knoblauch
dhaniyā	Koriander
zīrā, jīrā	Kumin
haldī (w)	Kurkuma (Gelbwurz)
pudīnā	Minze
kesar	Safran
namak	Salz
sarsoñ (w)	Senf
imlī (w)	Tamarinde
dāl cīnī (w)	Zimt
cīnī (w), **shakar**	Zucker

Asafoetida – wegen seines unangenehmen Geruchs, der beim Kochen allerdings verfliegt, auch „Teufelsdreck" genannt – gehört zu indischen vegetarischen Gerichten unbedingt dazu.

Getränke

Das am häufigsten getrunkene Getränk (mashrūb) Pakistans ist schwarzer Tee. Er wird meist mit Zucker (cīnī) und Milch (dūdh) aufgekocht und heißt dūdh vālī cāe. Oft werden ihm auch noch Gewürze hinzugefügt, und dann nennt man ihn masālā cāe. Die britische Teestunde zwischen 16 und 18 Uhr hat sich auch in Pakistan und Indien noch erhalten. Im Nordwesten Pakistans sowie nach Mahlzeiten allgemein wird auch grüner Tee (qahvah) getrunken. Zum Essen dagegen trinkt man Wasser, das in Restaurants nicht immer gefiltert oder aufgekocht ist. Vorsicht also!

cāe (w)	schwarzer Tee
dūdh vālī cāe (w) *Milch Besitzerin(w) Tee(w)*	Tee mit Milch
masālā cāe (w) *Gewürz(m) Tee(w)*	Tee mit Gewürzen (v. a. Ingwer und Kardamon)
qahvah (w)	grüner Tee
kāfī [coffee] (w)	Kaffee (normalerweise mit Milch serviert)
cīnī ke baġair *Zucker(w) von ohne*	ohne Zucker
cīnī vālī *Zucker(w) Besitzerin*	mit Zucker
dūdh	Milch
pānī	Wasser
ublā pānī	abgekochtes Wasser
minaral vāṯar [mineral water]	Mineralwasser (im Gegensatz zu Leitungswasser)
soḏā [soda]	Sprudelwasser
sauft ḏrink [soft drink]	Limonade
pepsī	Cola
pāk kolā	Pak-Cola
sharbat (w)	selbstgemachte Limo
sikañj bīn	Getränk aus Zitrone, Zucker und Wasser
frūṯ jūs [fruit juice]	Fruchtsaft
lassī (w)	Joghurtgetränk

Natürlich gibt es auch ein reichhaltiges Angebot an Fruchtsäften und international bekannten Softdrinks.

Obst & Süßspeisen

phal	Obst
anannās	Ananas
seb	Apfel
āṟū	Aprikose
kelā	Banane
nāshpātī (w)	Birne
khajūr	Dattel
anār	Granatapfel
amrūd	Guave
mausambī (w)	süße Limone
ām	Mango
xarbūza	Melone
santarā, nārangī (w)	Orange
ālū buxārā	Pflaume
Kartoffel(m) Bukhara	
tarbūz	Wassermelone
angūr	Weintrauben
līmūñ, nīñbū	Zitrone

buxārā *ist ein Ort in Usbekistan.*

In Pakistan ist aber auch der Nachtisch nicht zu verachten. Oft wird einfach nur Obst gegessen.

rasgullā
zuckersüße Bällchen aus Milch
gulāb jamūn
ebenfalls kleine Bällchen aus Milch, aber mit Zuckersirup
khīr
eine Art Reispudding mit Rosinen (kishmish) und Cashew-Nüssen (kājū)

An Süßspeisen (mīṯhe) *gibt es natürlich auch jede Menge!*

Das beliebteste Sommergetränk ist außerdem falūdah, *bei dem Rosensirup, Tapioca-Perlen und kleine Nudeln mit reichlich Eis und Milch gemischt werden. Garantiert* mazedār *(lecker)!*

barfī
eine Milchdelikatesse, die an Marzipan erinnert

rasmalāī
eine Cremespeise mit reichlich Sirup

jalebī
eine in Öl herausgebratene, gelbe Süßspeise

qulfī
pakistanisches Eis, oft mit Pistazien (pistā)

Rauchen & Drogen

Pakistanische Männer runden das Essen oft ab, indem sie entweder eine Zigarette oder eine Wasserpfeife rauchen. Im Pandschab und v. a. in Karachi kaut man auch gerne ein paar Betelnüsse, die in ein Blatt gewickelt werden.

sigreṯ [cigarette] (w)	Zigarette
lāiṯar [lighter]	Feuerzeug
mācis [matches] (w)	Streichhölzer
sigreṯ pīnā *Zigarette(w) trinken*	rauchen
tambākū [tobacco]	Tabak
huqqā, cilam	Wasserpfeife
nasvār	Kautabak
pān	Betelnussmischung
pān vālā	Betelnussverkäufer

Achtung: Noch etwas zum Thema Drogen (mashiyāt). In Pakistan sind viele harte Drogen relativ „problemlos“ erhältlich. Das geht von einfachem Hanf (gānjā) bis zu Heroin und Opium (afīm). Die Gesetze sind sehr streng: Auf Drogenbesitz steht von mehreren Jahren Gefängnis bis zur Todesstrafe alles Erdenkliche. Einige Stämme in den Tribal Areas rauchen traditionell Blätter, die zwar als Drogen bekannt sind, aber, da es sich eben um Traditionen handelt, von den einheimischen Behörden toleriert werden. In Großstädten wie Karachi gibt es ein enormes Drogenproblem, und man sieht nicht selten Abhängige (afīmcī). Als Ausländer sollte man unbedingt jeden Kontakt mit Drogen weiträumig vermeiden, da die örtliche Polizei hier sehr sensibel reagiert.

im Restaurant

Speisekarten gibt es vor allem in einfachen Lokalen nicht. Trinkgelder liegen auch in Pakistan und Indien etwa bei 10 %. Den Kellner in einem einfachen Lokal kann man mit bhāī sāhib (Bruder) anreden. In teuren Restaurants sprechen die Kellner meist gut Englisch.

kyā āp ko yahāñ ek acchā resṯoranṯ [restaurant] **patā hai?**
was Sie nach hier eins gut Restaurant(m) bekannt ist
Sagen Sie, kennen Sie hier ein gutes Restaurant?

assalāmu 'alaikum, āp kitne log haiñ?
der-Friede über-euch ihr wie-viel Leute(m Mz) seid
Seien Sie willkommen! Wie viele sind Sie?

ham tīn log haiñ!
wir drei Leute(m,Mz) sind
Wir sind zu dritt!

yahāñ kaunsā khānā milegā?
hier welcher Essen(m) finden-wird(m)
Was haben Sie zu essen?

zarā menyū [menu] **lāīe!**
wenig Speisekarte(m) bring-Sie!
Zeigen Sie uns bitte die Speisekarte!

qormā milegā?
Korma(m) finden-wird
Haben Sie *Korma*?

mujhe qormā aur roṯī cāhīe!
mir Korma(m) und Roti(w) wollend
Ich hätte gerne *Korma* und *Roti*!

hameñ ek pālak panīr aur ek cikan [chicken] **biryānī cāhīe!**
uns eins Spinat(w) Käse(m) und eins Hähnchen Biryani(w) wollend
Wir möchten ein *Palak Paneer* und ein *Chicken Biryani!*

zarā hamāre lie minaral vāṯar [mineral water] **lāīe!**
wenig unser für Mineralwasser(m) bring-Sie!
Bringen Sie uns bitte Mineralwasser!

resṯoranṯ	Restaurant
khānā	essen
pīnā	trinken
paise denā	bezahlen
mez (w), **jagah**	Tisch
glās [glass]	Glas
pleṯ [plate] (w)	Teller
churī (w)	Messer
cammac	Löffel
kāñṯā	Gabel
rākhdān	Aschenbecher
ṯūthpik [toothpick]	Zahnstocher
berā [bearer]	Kellner

ṯhanḏā	kalt	**garam**	warm, heiß
mīṯhā	süß	**khaṯā**	sauer
tīkhā	scharf	**tāzā**	frisch

sirf kam mirc ḏālīe!
nur wenig Chili(w) reintu-Sie!
Machen Sie es nicht so scharf!

pepsī meñ barf na ḏālīe!
Pepsi in Eis(w) nicht reintu-Sie!
Geben Sie kein Eis in meine Cola!

bismillāh!
Im Namen Gottes! *(sagt man, bevor man isst)*

yeh khānā bahut mazedār thā!
dieses Essen(m) sehr lecker war
Das Essen war hervorragend!

bhāī sāhib, bil [bill] **lāo!**
Bruder(m) Herr(m) Rechnung bring-!
Herr Ober! Die Rechnung bitte!

In vielen Lokalen bekommt man eine Rechnung, die man dann beim Chef an der Kasse zu bezahlen hat.

Auf dem Straßenmarkt

Kaufen & Handeln

Bereits den britischen Handlungsreisenden wurde schnell klar, wie geschäftstüchtig die Menschen des indischen Subkontinents mit dem Überangebot ihrer Waren umgingen.

Daran hat sich auch bis heute nichts verändert: Ob auf Märkten, in den Bazars oder in einigen Geschäften, in Hotels, bei Fahrzeugvermietungen oder mit Taxi- und Rikschafahrern – das Handeln ist üblich, und man sollte ruhig auch davon Gebrauch machen. Es ist eine alte Tradition und eine echte Kunst.

Mit einem Smartphone können Sie sich die mit einem 👂 gekennzeichneten Sätze dieses Kapitels anhören.

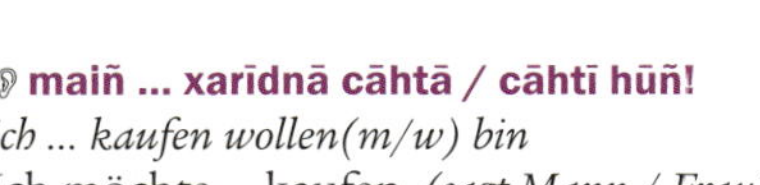

👂 maiñ ... xarīdnā cāhtā / cāhtī hūñ!
ich ... kaufen wollen(m/w) bin
Ich möchte ... kaufen. *(sagt Mann / Frau)*

👂 maiñ sirf dekh rahā / rahī hūñ!
ich nur schauen(–) blieb(m/w) bin
Ich schaue nur etwas! *(sagt Mann / Frau)*

👂 zarā mujhe ... dikhā dījie!
wenig mir ... zeigen(-) gib-Sie!
Zeigen Sie mir bitte ...!

👂 aur kuch milegā?
mehr etwas treffen-wird(m)
Gibt es auch andere?

yeh mujhe pasand (nahīñ) āyā.
dieser mir gefallend (nicht) kam(m)
Das gefällt mir (nicht).

Da man keine allgemein gültigen Regeln aufstellen kann, wie man sich beim Handeln zu verhalten hat, sind hier einfache Richtlinien angeführt.

Erstens sollte man nie die Geduld verlieren. Ein gutes Geschäft dauert unter Umständen einige Stunden, wenn nicht sogar Tage. Zweitens sollte man freundlich bleiben. Handeln ist ein Spiel, bei dem letztendlich beide Verhandlungspartner den besten gemeinsamen Nenner erzielen wollen. Fragen Sie ruhig zuerst nach dem Befinden des Verkäufers und plaudern Sie möglichst viel mit ihm auf Urdu, damit er erkennt, dass Sie sich auskennen und nicht leicht „über den Tisch zu ziehen" sind. Drittens muss man nicht sofort beim Erstbesten kaufen. Es ist sinnvoll, sich umzuschauen und Preise zu vergleichen. Und auch das: Handeln ist mit Humor und „Theaterspielen" verbunden, so kann man Witze machen und sich originelle Gründe einfallen lassen, um etwas billiger zu bekommen.

Wenn man erst einmal auf den Geschmack des Handelns gekommen ist, kann man nicht mehr davon lassen.

Auch Weggehen hilft oft: Man wird vom Verkäufer nicht selten zurückgerufen.

yeh kitnā lagtā hai?
dieser wie-viel kosten(m) ist
Wie viel kostet das?

do sau rūpie.
2 100 Rupees(w Mz)
200 Rupees.

are bhāī! maiñ to karoṛpati nahīñ hūñ!
hey Bruder(m) ich doch Millionär nicht bin
Was?! Ich bin doch kein Millionär!

bhāī sāhib, yeh bahut maheñgā hai ...
Bruder(m) Herr(m) dieser sehr teuer ist
Das ist sehr teuer Bruder ...

... mujhe ek aur acchī qīmat de do!
... mir eins mehr gut Preis(w) geben(-) gib-!
... du musst mir einen besseren Preis machen!

jī nahīñ, yeh to maheñgā nahīñ hai ...
Seele(m) nicht dieser doch teuer nicht ist
Nein, das ist doch nicht teuer ...

... yeh bahut sastā hai.
... dieser sehr billig ist
... das ist sehr billig!

calo ek sau pacās le lo!
geh-! eins hundert fünfzig nehmen(-) nimm-!
Hier nimm 150!

ṭhīk hai! ek sau pacās de do!
gut ist eins hundert fünfzig geben(-) gib-!
Okay, gib mir 150!

kyā āp kreḍiṭ karḍ [credit card] **lete haiñ?**
was Sie Kredit Karte(m) nehmen(m Mz) sind
Akzeptieren Sie Kreditkarten?

zarā mujhe ise lapet̲ kījīe!
wenig mir diesen(g) einpacken(-) machen-Sie!
Können Sie mir das einpacken?

Es ist interessant, in welchen Situationen die Einheimischen nach einem Preisnachlass fragen, und man kann das ruhig auch versuchen.

kyā āp koī d̲iskāuñt̲ [discount] **dete / detī haiñ?**
was Sie einige Nachlass(m) geben(m, w/Mz) sind
Geben Sie einen Preisnachlass?
(zum Mann / zur Frau)

xarīdnā	kaufen
xarīdārī karnā	shoppen
becnā	verkaufen
dekhnā	anschauen
kī talāsh karnā, d̲hūn̲d̲nā	suchen
dikhānā	zeigen
qīmat (w)	Preis
paise	Geld
maheñgā	teuer
sastā	billig, preiswert
d̲iskāuñt̲ [discount], **ri'āyat** (w)	Preisnachlass
bāzār	Markt
dukān (w)	Laden, Geschäft
dukāndār	Ladenbesitzer
becne vālā *verkaufen(g) Besitzer(m)*	Verkäufer
saudāgar	Händler

Schmuck

zevrāt	Schmuck
lāket [locket]	Anhänger, Medaillon
kangan, dost band	Armband
cūriyāñ (w)	Armreif der Frauen
brūc [brooch]	Brosche
sonā	Gold
sone kā zevrāt	Goldschmuck
Gold(g)(m) von Schmuck(m)	
bāl-e pan	Haarklammer
Haar-von Klammer(m)	
nīkles [necklace]	Halskette
cain [chain]	Kette
tāmbā	Kupfer
nath (w)	Nasenring
bāliyāñ (w)	Ohrring
añgūthī (w)	Ring
dabā	Schmuckschatulle
cāñdī (w)	Silber

Kleidung

kapre	Kleidung
dhotī (w)	Dhoti (langes Lendentuch)
skārf [scarf], **dupattā**	Halstuch
dastāne	Handschuhe
kurtā, qamīz (w)	Hemd
paint [pants], **patlūn**	Hose
khādī (w)	handgewebte Baumwollkleidung

Der pījāmā *ist ein indisches Gewand aus Baumwolle oder Leinen, das nur tagsüber getragen wird. Die Briten haben diese Gewänder adaptiert und als Nachtgewand nach England gebracht.*

lungī (w)	Lungi *(kurzes Lendentuch)*
paṯhānī sūṯ [suit]	Pathani Suit *(Männergewand)*
pījāmā	Pyjama *(wird den ganzen Tag getragen)*
cappal	Sandalen
sāṟī (w)	Sari
jūte	Schuhe
resham	Seide
shalvār qamīz (w)	traditionelles Gewand *(Hemd und Hose)*
moze	Socken
rūmāl	Taschentuch
dastār (w)	Turban
koshish karnā *Anstrengung(w) machen*	anprobieren

Kunsthandwerk & anderes

tasvīr (w)	Bild
mehndī (w)	Henna
lakṟī kī cīzeñ *Holz von(w) Sachen(w Mz)*	Holzschnitzereien
cambīlī (w)	Jasmin
kājal	Kajal *(Augenschminke)*
ṯokrī (w)	Korb
hāth kī banī cīzeñ *Hand(m) von machte(w) Sachen(w Mz)*	Kunsthandwerk
sangmarmar kā sāmān *Marmor von Artikel(m)*	Marmorartikel

pītal kā sāmān	Messingartikel
Messing(m) von Artikel(m)	
bājā	Musikinstrument
but	Statue
cāedānī (w)	Teekanne
pyālī (w)	Teetasse
darī (w), **qālīn**	Teppich

Maßangaben

In Indien und Pakistan benutzt man gleichermaßen europäische und anglo-amerikanische Maß- und Gewichtseinheiten. Typisch einheimische Maße gibt es nur noch vereinfacht, und sie variieren sehr von Ort zu Ort.

grām [gramme]	Gramm
kilugrām [kilogramme]	Kilogramm
līṯar [litre]	Liter

mujhe bīs līṯar paiṯrol [petrol] **cāhīe.**
mir zwanzig Liter Benzin wollend
Zwanzig Liter Benzin, bitte.

mujhe seb se ek kilugrām cāhīe.
mir Apfel(m) von eins Kilo wollend
Ich möchte ein Kilo Äpfel

ham ek boṯal pāk kolā leñge.
wir eins Flasche(w) Pak Cola nehmen-werden(m Mz)
Wir nehmen eine Flasche Pak-Cola.

Pak-Cola ist ein pakistanisches Erfrischungsgetränk.

Unterwegs in Pakistan & Indien

Viele Möglichkeiten gibt es, um in Pakistan und Indien unterwegs zu sein.

„Gute Reise" heißt:
safar mubārak ho!

zu Fuß

Es gibt zwar Stadtpläne, jedoch kennen die Menschen die Straßen meist unter einem anderen Straßennamen. Oft herrschen mündlich noch die alten englischen Namen vor, während offiziell die neuen Namen der Stadtplaner eingetragen sind. Wenn man nach dem Weg fragt, sollte man stets mehrere Personen fragen, da viele – selbst wenn sie nicht wissen, wo das Gefragte sich befindet – einen doch in eine x-beliebige Richtung schicken, nur um nicht zugeben zu müssen, dass sie es nicht wissen. Bedenken Sie auch immer, wen Sie fragen. So sollte man, wenn man das Nobelrestaurant im Polo-Club sucht, nicht den Zeitungsverkäufer an der Ecke fragen ...

Die Städte des Subkontinents kann man meist am besten zu Fuß erkunden.

bhāī sāhib, bandargāh kahāñ hai?
Bruder Herr Hafen(m) wo ist
Verzeihung, wo ist der Hafen?

āge calīe aur ba'd meñ bāīñ taraf muṟīe!
weiter geh-Sie! und nach in links Seite(w) dreh-Sie!
Gehen Sie geradeaus und biegen Sie dann nach links ab!

batāīe, jama' masjid kahāñ hai?
sag-Sie! Versammlung(m) Moschee(m) wo ist
Sagen Sie mir bitte, wo ist die Jama' Masjid?

is saṟak meñ thoṟā pīche jāīe ...
dieser Strasse[g](w) in wenig zurück geh-Sie!
Gehen Sie diese Straße etwas zurück ...

... aur āp voh dekh sakeñge / sakeñgī!
... und Sie jene sehen(-)können-werden(m/w Mz)
... und Sie werden sie sehen können!
(zum Mann / zur Frau)

Richtungshinweise

lefṯ [left], **bāyāñ**	links
rayṯ [right], **dāyāñ**	rechts
sīdhā	geradeaus
yahāñ	hier
vahāñ	dort
idhar	hierher
udhar	dorthin
paidal calnā	zu Fuß gehen
jānā, calnā	gehen
vāpas jānā, lauṯnā	zurückgehen
muṟnā	abbiegen
dūr	weit
qarīb, nazdīk	nahe
shimāl, uttar	Norden
janūb, dakkhin	Süden
maġrib, pacchim	Westen
mashriq, pūrab	Osten

Speziell in den Städten haben sich die englischen Wörter lefṯ *und* rayṯ *gegen ihre echten Urdu-Entsprechungen* bāyān *und* dāyān *durchgesetzt. Für „auf der linken / rechten Seite“ sagt man* bāyeñ hāth par / dāyeñ hāth par, *und für „nach links / rechts“* bāyīñ taraf / dāyīñ taraf.

mit dem Taxi

In indischen und pakistanischen Städten haben Taxis und Motorrikschas Zähler. Diese sind jedoch häufig alt und zeigen aufgrund der hohen Inflation einen Preis an, der nicht mehr aktuell ist. Die Fahrer haben aber eine Tabelle, um den angezeigten Preis in den gültigen (der dann höher ist) umzurechnen. Oft ist es aber ein Problem, den Fahrer dazu zu bewegen, den Zähler einzuschalten. Nicht selten wird er darauf bestehen, einen Festpreis zu bekommen. Sollte das der Fall sein, muss man diesen Preis unbedingt vorher vereinbaren.

Alle Aktionen im Flugverkehr werden auf Englisch abgewickelt, und deshalb ist es auf dem Flughafen selbst nicht notwendig, Urdu zu sprechen.

ṯaiksī (w)	Taxi
rikshā (m), **āṯo rikshā** (m) [auto rickshaw]	Rikscha
ḏrāivar [driver]	Fahrer
miṯar [metre]	Zähler
shahr	Stadt
gāoñ	Dorf
bandargāh	Hafen
havāī aḏḏā *luftig Platz(m)*	Flughafen

Oft nehmen Fahrer auch mehrere Gäste mit, und der Preis wird danach geteilt!

mujhe havāī aḏḏā jānā hai.
mir luftig Platz(m) gehen ist
Ich muss zum Flughafen.

miṯar [metre] **se calīe!**
Zähler[g] mit geh-Sie!
Schalten Sie den Zähler ein!

sāhib / meḏem, miṯar [metre] **xarāb hai!**
Herr(m) / Dame(w) Zähler(m) kaputt ist
Mein Zähler ist kaputt, mein Herr / meine Dame.

Einheimische reden Taxifahrer zwar meist in der tum*-Form an, doch als Ausländer tut man gut daran, auch hier das höfliche* āp *beizubehalten.*

to bolīe! kitne paise lageñge?
so sprich-Sie! wie-viel Geld(m Mz) kosten-werden
Na gut, dann sagen Sie, wie viel das kosten wird.

fikr na kījīe, sāhib / meḏem!
Sorge(m) nicht mach-Sie! Herr / Dame(w)
Machen Sie sich keine Sorgen!

āp ke lie sirf ek sau pacās rūpīe!
Sie von für nur eins hundert fünfzig Rupees(m Mz)
Für Sie nur 150 Rupees!

ṯhīk hai! calo!
gut ist fahr-!
In Ordnung, fahren wir!

tashrīf rakhīe!
Ehre(w) stell-Sie!
Steigen Sie ein!

Über sein Fahrtziel sollte man immer etwas mehr als nur die Straße oder das Stadtviertel wissen. Zum Beispiel: „in der Nähe der Habib Bank", oder so ähnlich. Erstens, weil die Straßen sehr lang sein können, und zweitens, weil die Taxifahrer nicht immer die Straßennamen kennen.

signail [signal] **se rayṯ** [right] **lenā!**
Ampel[g](m) von rechts nehmen
Fahren Sie an der Ampel rechts!

paiṯrol pamp [petrol pump] **ke pīche lefṯ** [left] **lenā!**
Erdöl(m) Pumpe[g](m) von hinter links nehmen
Fahren Sie nach der Tankstelle nach links!

sīdhā calīe!
geradeaus fahr-Sie!
Fahren Sie geradeaus!

rukīe!
halt-Sie!
Halten Sie!

mit dem Bus

Busse sind gute Fortbewegungsmittel. Es gibt in den meisten Städten Nahverkehrsbusse, die eine billige Alternative zu Taxis darstellen, aber oft brechend voll sind. Im Überlandverkehr werden auch Busse eingesetzt, wobei diese aufgrund der schlechten Strassenverhältnisse nicht immer ganz sicher sind.

bas [bus] (w)	Bus
ṯikaṯ [ticket] (m, auch: w)	Fahrkarte
ek tarfa kā ṯikaṯ *eins Richtung(m) Fahrkarte(m)*	einfache Fahrkarte
vāpasī kā ṯikaṯ *Rückfahrt(w) von Fahrkarte(m)*	Hin und Rückfahrkarte
bas isṯāp [bus stop]	Bushaltestelle
bas isṯeshan [bus station]	Busbahnhof

caṟhnā	einsteigen
utarnā	aussteigen
ḏrāivar [driver]	Fahrer
musāfir	Passagier
darja	Klasse *(im Bus / Zug)*
sāmān	Koffer, Gepäck
sīṯ [seat] (w)	Sitzplatz
buking [booking]	Reservierung
buking [booking] **karnā**	reservieren, buchen

Die vier Provinzen Pakistans heißen:

sūba-e pañjāb *Provinz-von Pandschab*	Pandschab
sūba-e sindh *Provinz-von Sindh*	Sindh
sūba-e balocistān *Provinz-von Beludschistan*	Beludschistan
sūba-e sarhad-e shimāl magắrib *Provinz-von Grenze-von Nord West*	Nordwest-Grenzprovinz (NWFP)

Die Nordwest-Grenzprovinz wurde 2010 offiziell umbenannt und trägt nun den eher paschtunischen Namen „Khyber Pakhtunkhwa" (xaybar paxtūnxvā). *Autonome Regionen sind außerdem Gilgit-Baltistan (ehemals „Northern Areas") und die Federally Administered Tribal Areas (FATA). Der pakistanische Teil Kaschmirs heißt in Pakistan selber* āzād kashmīr *(freies Kaschmir), in Indien dagegen nennt man ihn* PoK *(Pakistani occupied Kashmir).*

Übrigens: Das Wort pañjāb kommt aus dem Persischen und heißt „fünf Wässer" – also das Land, wo die fünf Ströme Jhelum, Chenab, Ravi, Beas und Satluj zusammenfließen und den Indus (sindh) bilden.

kaunsī bas [bus] **lāhaur jātī hai?**
welcher Bus(w) Lahore gehen(w) ist
Welcher Bus fährt nach Lahore?

yeh bas [bus] **peshāvar jāne vālī hai, na?**
dieser Bus(w) Peshawar gehen(g) Besitzerin(w) ist nicht
Dieser Bus fährt doch nach Peshawar, oder?

kab jāegī?
wann gehen-wird(w)
Wann fährt er ab?

mujhe āne vāle isṯāp [stop] **meñ utār dījie!**
mir kommen(g) Besitzer(g)(m) Stopp in aussteigen(-) gib-Sie!
Ich möchte an der nächsten Haltestelle aussteigen!

Auf Überlandbussen der Luxusklasse (deluxe oder luxury class) werden Filme auf Urdu und Hindi gezeigt. Also eine gute Gelegenheit, seine Kenntnisse zu verbessern!

is bas meñ viḏiyo isisṯem [video system] **hotā hai?**
diese Bus[g](w) in Video System(m) sein(m) ist
Gibt es in diesem Bus ein Videogerät?

mit dem Zug

Viel sicherer als mit dem Bus ist es, mit dem Zug zu reisen. Pakistans und Indiens Bahnnetze gehören zu den größten, und schon alleine deswegen gehört eine Reise mit dem Zug unbedingt dazu. Um mit dem Zug zu fahren, braucht man, anders als bei uns, eine Fahr-

karte ausgestellt auf einen ganz bestimmten Tag, einen bestimmten Zug und einen Sitzplatz. Es ist keine schlechte Idee, einige Tage vor Abfahrt zu reservieren, da Züge sehr voll sein können. Das gilt an Feiertagen um so mehr. Für einige Züge gibt es eigene Fahrkartenkontingente für Touristen (tourist quota).

relve [railway] (w)	Eisenbahn
relgāṟī (w), **ṯren** [train] (w)	Zug
isṯeshan [station]	Bahnhof
pehlā darja	erste Klasse
dusrā darja	zweite Klasse
riāyat (w)	Ermäßigung
ṯikaṯ [ticket] (m, auch: w)	Ticket
rāstā	Weg, Strecke
safar	Reise
safar karnā *Reise machen*	verreisen

mujhe karācī haidarābād kī ṯren [train] **ke lie ek ṯikaṯ** [ticket] **cāhīe.**
mir Karachi Hydarabad von Zug(w) von für eins Fahrkarte(m) wollend
Ich möchte eine Fahrkarte für den Zug von Karachi nach Hydarabad.

yahāñ se islāmābād tak kitne kilumīṯar haiñ?
hier[g] von Islamabad bis wie-viele(m Mz) Kilometer(m) sind
Wie viele Kilometer sind es von hier nach Islamabad?

Längenmaße

iñc [inch]	Inch (1 Inch = 2,54 cm)
fīṯ [feet]	Feet (1 Foot = 0,30 m)
mīṯar [metre]	Meter
kilumīṯar [kilometre]	Kilometer

Übrigens sollten Sie in Pakistan und Indien lieber nach der Dauer der Fahrt fragen und nicht nach den Kilometern, da die Relation in keinster Weise etwas mit europäischen Standards zu tun hat und man Hochrechnungen wie 100 km = 1 Stunde unbedingt vermeiden sollte – das gilt natürlich noch mehr im Gebirge. Ich brauchte in einem Zug einmal 18 Stunden für eine Strecke von 350 Kilometern!

yahāñ jāne meñ kitnā vaqt lagegā?
dort gehen(g) in wie-viel Zeit(m) fühlen-wird(m)
Wie lange dauert die Fahrt dorthin?

Wer preußische Pünktlichkeit gewohnt ist, wird auf dem Subkontinent ab und zu auf eine Zerreißprobe gestellt.

Die Züge sind leider oft verspätet oder ab und zu sogar gestrichen.

bad qismatī se yeh ṯren leṯ [late] **ho gaī hai.**
schlecht schicksalshaft[g] von dieser Zug(w) zu-spät sein(-) ging(w) ist
Dieser Zug ist leider verspätet.

kitnī der ho gaī hai?
wie-viel Verspätung(w) sein(-) ging(w) ist
Wie viel ist er denn verspätet?

sirf pandrah ghanṯe.
nur fünfzehn Stunden(m Mz)
Nur um 15 Stunden.

yeh ṯren kaiñsil [cancel] **ho gaī hai!**
dieser Zug(w) gestrichen sein(-) ging(w) ist
Dieser Zug wurde gestrichen!

selbst am Steuer

Wer noch unabhängiger unterwegs sein will, kann sich sein eigenes Fahrzeug mieten oder gar kaufen. Immer mehr Besucher erkunden den Subkontinent mit Motorrädern, und auch das Fahrrad bzw. Motorroller sind sehr beliebt. Mietautos kann man auch inklusive Fahrer mieten.

maiñ moṯarsāikil [motorcycle] **kirāye par lenā cāhtā / cāhtī hūñ.**
ich Motorrad(w) Miete(g)(m) auf nehmen wollen(m/w) bin
Ich möchte ein Motorrad mieten.
(sagt Mann / Frau)

ek din / hafte kā kirāyā kitnā hogā?
eins Tag(m) / Woche(g)(m) von Miete(m) wie-viel sein-wird
Wie viel kostet das pro Tag / Woche?

kyā yeh gilgit vālā rāstā hai?
was dieser Gilgit Besitzerin(w) Strasse(w) ist
Führt diese Straße nach Gilgit?

signail [signal]	Ampel
gāṛī (w)	Auto
baiṭrī [battery] (w)	Batterie
paiṭrol [petrol]	Benzin
brek [brake]	Bremse
sāikil [cycle] (w)	Fahrrad
gīr [gear]	Gang
hailmeṭ [helmet]	Helm
naqshā	(Land-)Karte
reḍiyeṭar [radiator]	Kühler
klac [clutch]	Kupplung
hainḍalbār [handlebars]	Lenkstange
battiyāñ (w)	Lichter, Blinker
havā	Luft
injin [engine]	Motor
moṭarsāikil [motorcycle](w)	Motorrad
skūṭar [scooter], **kāineṭik** [kinetic]	Motorroller; Mofa; Moped
tel	Öl
pahiyā	Rad
ṭāyar [tyre]	Reifen
marammat karnā	reparieren
ṭaink	Tank
paiṭrol pamp [petrol pump]	Tankstelle
dekhnā	überprüfen; checken
hādsā	Unfall
bīma, inshurens [insurance]	Versicherung

an der Tankstelle & Panne

yahāñ paiṯrol pamp [petrol pump] **kahāñ hai?**
hier Erdöl Pumpe(m) wo ist
Wo gibt es hier eine Tankstelle?

tel aur pānī dekhīe!
Öl(m) und Wasser(m) sieh-Sie!
Überprüfen Sie Öl und Wasser!

kyā āp merī moṯarsāikil [motorcycle] **ṯhīk kar sakte haiñ?**
was Sie mein Motorrad(w) gut machen(-) können(m Mz) sind
Könnten Sie mein Motorrad reparieren?

injin [engine] **caltā nahīñ!**
Motor(m) funktionieren(m)nicht
Der Motor funktioniert nicht.

injin [engine] **garam ho gayā hai!**
Motor(m) heiß sein(-) ging(m) ist
Der Motor ist heiß gelaufen!

pancar ho gayā hai.
Reifenpanne(m) sein(-) ging(m) ist
Ich habe eine Reifenpanne!

pūrā ṯaink [tank] **bhar dījīe!**
ganz Tank(m) voll gib-Sie!
Volltanken, bitte!

Auf dem Land & Trekking

In Indien und Pakistan unterscheidet sich das Leben in der Stadt grundlegend von dem auf dem Land.

auf dem Land

Während man sich in den Großstädten ganz bewusst weltoffen, mondän und fortschrittlich zeigt, ist die Landbevölkerung traditionalistisch und oft sehr gläubig. Man ist aber offenherzig und großzügig.

Wenn Sie als Fremder in ein Dorf kommen, sollten Sie umgehend Kontakt mit den Einheimischen aufnehmen, um nicht als unerwünschter Eindringling zu gelten. In Khyber Pakhtunkhwa gibt es eigene Regeln und ungeschriebene Gesetze. So gibt es beispielsweise manchmal ein Verbot für fremde Männer, das Dorf zu betreten. In den Tribal Areas muss man unbedingt zuerst den Kontakt zu den Dorfältesten suchen, um über Regeln und Gepflogenheiten Bescheid zu wissen.

ham āp ke shex se bāt karnā cāhte haiñ.
wir ihr von Dorfältester[g](m) von Wort(w) machen wollen(m Mz) sind
Wir möchten bitte mit Ihrem Dorfältesten sprechen.

burā na mānīe!
böse nicht akzeptiere-Sie!
Wir wollten Sie / euch nicht beleidigen!

Fettnäpfchen von Fremden begegnet man mit dem Ausspruch sharmindah na kījīe! *(in etwa: „Seien Sie nicht schüchtern!")*

ham ko is kī 'ādat nahīñ hai!
wir zu diesem von Gepflogenheit(w) nicht ist
Bei uns gibt es diese Regeln nicht!

khet	Bauernhof
pahāṟ	Berg
gāoñ	Dorf
daryā	Fluss
ġār	Höhle
ṯīlā	Hügel
khetī bāṟī (w)	Landwirtschaft
garam cashmā	heiße Quellen
jhīl (w)	See
ghāṯī (w)	Tal
sīṟhīdār khet	Terrassenfelder
jangal	Wald
ābshār	Wasserfall
fasal kāṯnā *Ernte(m) schneiden*	ernten
paudā laganā *Pflanze hinsetzen*	pflanzen, setzen

Von jangal *leitet sich unser „Dschungel" ab. Im Urdu versteht man darunter auch den Wald im allgemeinen Sinne.*

is gāoñ meñ log kyā karte haiñ?
jenem Dorf[g](m) in Leute(m Mz) was machen(m Mz) sind
Was machen die Menschen in diesem Dorf?

ham āp kī zindagī ke bāre meñ kuch jannā cāhte / cāhtī haiñ.
wir ihr von Leben(w) von über in etwas wissen wollen(m/w Mz) sind
Wir wollen etwas über euer Leben erfahren.
(sagen Männer od. gemischte Gruppe / nur Frauen)

āp kyā bote haiñ?
Sie was anpflanzen(m Mz) sind
Was bauen Sie hier an?

Durch die angespannte politische Situation in Kaschmir ist Nordpakistan und die gesamte Grenzregion zu Indien oftmals unsicher. Es ist daher keine schlechte Idee, vor einer Tour in diesem Gebiet aktuelle Informationen einzuholen. Die Botschaften in Islamabad können dabei äußerst hilfreich sein.

Trekking / in den Bergen

Die beste Zeit, die Bergregion Pakistans zu besuchen, ist von April bis August. Mit dem K2 hat das Land den zweithöchsten Gipfel der Welt, und der Nanga Parbat mit seinen 8125 Metern ist mit Sicherheit einer der eindrucksvollsten! Ausgangspunkt für Bergtouren ist meist Gilgit oder Chitral. Hier bekommt man sämtliche Informationen und Kontakte, damit die Bergtour gelingt. Auf jeden Fall sollte man gut ausgerüstet sein und keinesfalls auf einen kundigen Bergführer verzichten. Von Gilgit aus gibt es auch organisierte Jeep- und Pferdetouren.

mujhe is 'ilāqe meñ hāiking [hiking] **ke bāre meñ ma'lūmāt cāhie.**
mich diesem Gebiet(g)(m) in Wandern(m) von Bezug in Informationen(m Mz) wollend
Ich möchte Informationen zu Bergwanderungen in dieser Region.

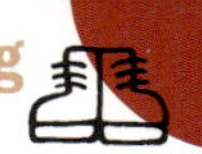

Unterwegs zum Passu-Gletscher

is pahāṟ par caṟhne meñ koī xatrā to nahīñ hai?
dieser Berg[g](m) auf steigen(g) in irgendein Gefahr(m) doch nicht ist
Kann man diesen Berg gefahrlos besteigen?

kyā hameñ yahāñ gāid [guide] **zarūrī hai?**
was uns hier Führer(m) notwendig ist
Brauchen wir hier einen Führer?

yeh rāstā kitnā lambā hai?
dieser Weg(m) wie-viel lang(m) ist
Wie lang ist dieser Weg?

pahāroñ par carhnā *Berge(g)(m Mz) auf steigen*	bergsteigen
farst ed kit [first-aid kit]	Erste-Hilfe-Set
gāid [guide]	Führer
dastāne	Handschuhe
ūñcāī (w)	Höhe
machlī pakarnā *Fisch(w) fangen*	fischen
shikār karnā *Jagd(m) machen*	jagen
kampās [compass]	Kompass
naqshā	Landkarte
calnā	marschieren, wandern
sāmān	Proviant; Last, Gepäck
baik paik [backpack]	Rucksack
rassī (w)	Seil
kudāl	Spitzhacke
hāiking [hiking]	(das) Wandern
hāiking karnā	wandern
hāiking būt [hiking boot]	Wanderschuhe
xemā, tent [tent]	Zelt

is pahāṟ kī ūñcāī kyā hai?
dieser(g) Berg(m)[g] von Höhe(w) was ist
Wie hoch ist dieser Berg?

andherā kitne baje hotā hai?
Dunkelheit(m) wie-viele schlug(m Mz) sein(m) ist
Wann wird es dunkel?

kyā yahāñ janglī janvāroñ kā xatrā hai?
was hier wild Tiere(g) von Gefahr(m) ist
Gibt es hier gefährliche wilde Tiere?

Wer Träger (qulī) braucht, sollte mit diesen immer vorher den Preis aushandeln. Vergessen Sie nicht zu besprechen, wer für die Verpflegung sorgt, da das natürlich einen Preisunterschied darstellt.

āp ek din ke lie kitne paise lete haiñ?
Sie eins Tag von für wie-viele Geld(m Mz) nehmen(m Mz) sind
Was wollen Sie pro Tag haben?

aur ghoṟe ya xaccar ke lie?
und Pferd(g)(m) oder Maulesel[g](m) von für
Und für ein Pferd oder einen Maulesel?

yeh qīmat khāne ke sāth hai, hai na?
dieser Preis(w) Essen(g)(m) von mit ist ist nicht
Bei diesem Preis ist das Essen dabei, oder?

Übernachten

In Indien und Pakistan findet man alle erdenklichen Arten von Hotels: von einer einfachen Absteige für ein paar Rupees bis hin zu internationalen Fünf-Sterne-Palästen. Ausgesprochene Campingplätze findet man nicht. Stattdessen kann man Leute fragen, ob man auf ihrem Grundstück kampieren darf.

In der Bergregion und in der Wüste ist zwar auch wildes Campen möglich, doch ist es aufgrund der angespannten Sicherheitslage in vielen Regionen nicht empfehlenswert.

sastā hoṯal [hotel] **kahāñ milegā?**
billig Hotel(m) wo treffen-wird(m)
Wo gibt es hier ein billiges Hotel?

ham gesṯhāus [guesthouse] **dhūnḏ rahe / rahī haiñ!**
wir Pension(m) von suchen(-) blieben(m/w Mz) sind
Wir *(Männer / Frauen)* suchen eine Pension.

mujhe ek siñgal rūm [single room] **cāhīe!**
mir eins einzel Zimmer(m) wollend
Ich möchte ein Einzelzimmer!

ḏabal rūm [double room] **kā kirāyā kitnā hai?**
doppelt Zimmer(m) von Miete(m) wie-viel ist
Wie viel kostet ein Doppelzimmer?

ham ek din / do din / tīn din / ek haftā ṯhahreñge.
wir eins Tag(m) / zwei Tag / drei Tag / eins Woche(m) bleiben-werden(m Mz)
Wir bleiben einen Tag / zwei Tage / drei Tage / eine Woche.

kyā maiñ kamrā dekh saktā / saktī hūñ?
was ich Zimmer(m) sehen(-) kann(m/w) bin
Kann ich das Zimmer sehen? *(sagt Mann / Frau)*

hameñ ǵusalxāne vālā kamrā cāhie.
uns Badezimmer(g)(m) Besitzer(m) Zimmer(m) wollend
Wir wollen ein Zimmer mit Bad.

agar āp kamrā sāf karvā deñ ...
wenn Sie Zimmer(m) sauber machen-lassen gäben
Wenn Sie das Zimmer sauber machen ...

... to maiñ use le lūñgā / lūñgī.
... dann ich jenen nehmen(-) nehmen-werde(m/w)
... werde ich es nehmen. *(sagt Mann / Frau)*

In die Hotels kommen täglich Wäscher (dhobī), die Ihre Kleidung gegen ein paar Rupees waschen und bügeln. Man kann diesen Service problemlos nutzen.

kyā is hoṯal [hotel] **meñ dhobī hai?**
was diesem Hotel[g](m) in Wäscher ist
Gibt es in diesem Hotel einen Wäscher?

hoṯal [hotel]	Hotel
gesṯhāus [guesthouse]	Pension
kamrā, rūm [room]	Zimmer
ḏabal rūm [double room]	Doppelzimmer
singal rūm [single room]	Einzelzimmer
cābī (w)	Schlüssel

Übernachten

Vorsicht! Speziell in Indien bezeichnet der Begriff „Hotel“ auch oft Restaurants. Also nicht überall, wo Hotel draufsteht, ist auch zwangsläufig Hotel drin ...

xālī	leer, unbesetzt
ful [full]	voll, besetzt
palañg	Bett
d̲abal bed [double bed]	Doppelbett
gaddā	Matratze
kambal	Decke
cādar (w)	Laken
takiyā	Kopfkissen
mas-harī	Moskitonetz
e sī [AC]	Klimaanlage
ǵusalxānā	Badezimmer, Toilette
t̲āilet pepar [toilet paper]	Klopapier
almārī (w)	Kleiderschrank
laimp [lamp]	Lampe
bijlī (w)	Strom
sef [safe]	Sicherheitsfach; Safe
sābun	Seife
tauliyā [towel]	Handtuch
t̲h̲and̲ā pānī	Kaltwasser
garam pānī	Warmwasser
boylar [boiler], **gīsar**	Boiler
xemā	Zelt
sāf	sauber
gandā	schmutzig
buking [booking] **karnā**	reservieren

Nochmals sei betont, dass nicht verheiratete Paare in Pakistan kein Doppelzimmer bekommen. Kaum jemand überprüft das aber in den entsprechenden Dokumenten.

Cricket

Der Nationalsport Indiens und Pakistans ist Cricket. Für viele ist es sogar mehr als das und schon fast eine Art Lebensanschauung. Wenn die Spiele der Nationalteams im TV übertragen werden, sind die Straßen leer. Da Cricket bei uns fast unbekannt ist, seien hier die wichtigsten Regeln und Worte (in Urdu und Englisch) aufgeführt. Wer einfach mal ausprobieren möchte, Cricket zu spielen (natürlich als Mann), der frage die zahlreichen und allgegenwärtigen spielenden Jugendlichen in Parks oder auf der Straße, ob man mal mitmachen kann.

Im Cricket spielen zwei Mannschaften zu jeweils elf Spielern gegeneinander. Es geht darum, Punkte (Runs) zu machen, indem die schlagende Mannschaft (Batsmen) einen kleinen harten Lederball mit einem Schläger (Bat) schlägt und zwischen zwei hölzernen Malen hin- und herläuft. Die andere Mannschaft verteidigt das Spielfeld und stellt den Werfer (Bowler). Schlägt man den Ball so weit, dass er aus dem Spielfeld rollt, bekommt man vier Punkte (Four), fliegt er raus, ohne den Boden zu berühren, gibt es sogar sechs Punkte (Six).

kyā maiñ āpke sāth khel saktā hūñ?
was ich euer mit spielen(-) können(m) bin
Kann ich mitspielen? *(sagt Mann)*

Cricket

Cricket-Spiele dauern viele Stunden und in manchen Ligen sogar mehrere Tage. Der wohl bekannteste Cricket-Spieler Pakistans ist Imrad Khan.

ballebāz	Schläger („Batsman")
geñdbāz	Werfer („Bowler")
khilāṟī	Spieler („Player")
harfanmaulā	All-rounder
ṟān	Punkt („Run")
caukā	vier Punkte („Four")
chakkā	sechs Punkte („Six")
baiṯing [batting] **karnā**	schlagen („to bat")
dauṟnā	laufen („to run")
pakaṟnā	fangen („to catch")
pheñknā	werfen („to bowl")

mujhe krikeṯ ke rulz [rules] **nahīñ ma'lūm haiñ.**
mir Cricket von Regeln(m Mz) nicht bekannt ist
Ich kenne die Cricket-Regeln nicht.

tum bahut tagṟā baiṯing [batting] **karte ho!**
du sehr stark Schlagen(m) machen(m Mz) bist
Du schlägst sehr gut! *(zum Mann)*

© DK

Weltwunder Tāj Mahal, Agra

Fotografieren

Pakistan und Indien bieten traumhaft schöne Motive, die jeden Fotografen faszinieren. Ob Wüste, Meer, Gebirge, Menschen oder einfach Stilleben – man findet selten eine solche Vielfalt. Trotzdem muss man vorsichtig sein. Der Islam verbietet es, Menschen abzubilden, und deswegen sollte man nicht einfach Personen ablichten, ohne vorher ihr Einverständnis bekommen zu haben. Viele Einheimische werden erst einwilligen, wenn Sie versprechen, ihnen später das Foto zu schicken. Des Weiteren darf man keine militärischen Einrichtungen fotografieren. Hierzu können Kasernen, Polizeiposten, aber auch Flughäfen, Brücken und Straßen zählen. Besonders vorsichtig muss man in der Nähe der gemeinsamen Grenze und in Kaschmir sein.

kyā maiñ yahāñ foṯo [photo] **khainc saktā / saktī hūñ?**
was ich hier Foto(m) ziehen(-) können(m/w) bin
Entschuldigung, darf ich hier fotografieren? *(sagt Mann / Frau)*

Falls man von der Polizei angehalten wird, ist es am besten, ohne Widerrede den Film herzugeben.

kyā maiñ āpkā foṯo [photo] **khainc saktā / saktī hūñ?**
was ich Ihr Foto(m) ziehen(-) können (m/w) bin
Entschuldigung, darf ich Sie fotografieren? *(sagt Mann / Frau)*

Fotografieren

hāñ, lekin kyoñ?
ja aber warum
Ja, aber warum?

mujhe āpke mulk kī yādgār cāhīe!
mir euer Land[g](m) von Erinnerung wollend
Ich möchte nur eine Erinnerung an euer Land!

nahīñ, yeh harām hai!
nicht dieser verboten ist
Nein, das ist verboten! *(durch den Islam)*

film [film] (w)	Film
rangīn film (w)	Farbfilm
kaimrā [camera]	Kamera
vidiyo [video]	Video
foto [photo], **tasvīr** (w)	Foto
flaish [flash]	Blitz
lens [lens]	Linse
baitrī [battery] (w)	Batterie, Akku
foto / tasvīr khaincnā	fotografieren
proses [process] **karnā**	Film entwickeln

maiñ āpko apnā foto [photo] **bhej duñgā / duñgī.**
ich Ihnen eigen(m) Foto schicken(-) geben-werde(m/w)
Ich werde Ihnen Ihr Foto zuschicken.

Bank & Post

In Pakistan und Indien gibt es internationale Banken. Hier kann Geld gewechselt, und mit Kreditkarten gezogen werden.

Mit einem Smartphone können Sie sich die mit einem 𝟗 gekennzeichneten Sätze dieses Kapitels anhören.

Bank

Banken sind sonntags geschlossen. Die Währung in Pakistan und Indien heißt jeweils Rupee (rūpīā). Eine rūpīā sind 100 paise.

mujhe paise badalnā cāhtā / cāhtī hūñ.
mir Geld(m Mz) wechseln wollen(m/w) bin
Ich möchte Geld wechseln.

mujhe kredit kard [credit card] **se paise nikālnā hai.**
mir Kredit Karte[g] von Geld(m Mz) herauskommen ist
Ich möchte mit der Kreditkarte Geld ziehen.

Bankbeamte sprechen meist gut Englisch.

kyā maiñ yahāñ traivalars cek [travellers' cheque] **se kaish** [cash] **karā saktā / saktī hūñ?**
was ich hier Reise Schecks[g](m) von Bargeld(m) machen-lassen(-) können(m/w) bin
Kann ich hier meine Reiseschecks einlösen? *(sagt Mann / Frau)*

āj dolar kā ret [rate] **kitnā hai?**
heute Dollar von Kurs(m) wie-viel ist
Wie steht heute der Kurs des Dollars?

„Wechselkurs" heißt tabdīl kā ret

baink [bank]	Bank
cek [cheque]	Scheck
ṯraivalars cek [travellers' cheque]	Reisescheck
badalnā	wechseln
kaish [cash] **karānā**	einlösen
paise, paisā	Geld
ḏolar [dollar]	Dollar
yūro	Euro
svis [Swiss] **frānk**	Schweizer Franken

Post

In allen größeren Orten Pakistans und Indiens gibt es Postämter. Briefe nach Europa dauern etwa zwei Wochen. Eine Alternative zu Postämtern bieten die großen Hotels.

Das System der Postämter funktioniert trotz der Größe der Länder perfekt. Meist muss man dort allerdings etwas warten.

mujhe ḏāk-ṯikaṯ [ticket] **kī zarūrat hai.**
mir Briefmarke(m) von Notwendigkeit(w) ist
Ich brauche eine Briefmarke.

mujhe yeh xat āsṯriyā [Austria] **bhejnā hai.**
ich dieser Brief(m) Österreich schicken ist
Ich möchte diesen Brief nach Österreich schicken.

us ko āne meñ kitnā vaqt lagegā?
ihn zu kommen(g) in wie-viel Zeit fühlen-wird
Wie lange wird er brauchen anzukommen?

zarā havāī d̲āk se bhej dījie.
wenig luftig Post(w)[g] von schicken(-) gib-Sie!
Bitte schicken Sie es mit Luftpost.

d̲āk (w)	Post
d̲ākxānā	Postamt
jī pī o [GPO]	Hauptpostamt
xat	Brief
d̲āk-t̲ikat̲ [ticket] (m od. w)	Briefmarke
lifāfā	Briefumschlag
pārsal [parcel]	Paket
post̲ kard̲ [postcard]	Postkarte
patā	Adresse
rajist̲ard̲ [registered]	per Einschreiben
havāī d̲āk (w)	Luftpost
ekspres d̲āk [express] (w)	Expresspost
bhejnā	schicken

Islamia College, Peshawar

Telefon, Fax & Internet

In Indien und Pakistan ist das Telekommunikationsnetz staatlich. In allen Ortschaften gibt es Büros, von denen aus man Lokal-, National- und Ferngespräche führen kann. Während man vor einigen Jahren noch zahllose Stunden warten musste, ist die Abwicklung heute geradezu problemlos.

Telefonieren & Faxen

mujhe fon [phone] **karnā hai.**
mir Telefon(m) machen ist
Ich möchte telefonieren.

lā'in [line] **engejḏ** [engaged] **hai.**
Linie(m) besetzt ist
Es ist besetzt.

lā'in [line] **kaṯ** [cut] **gaī hai.**
Linie(w) schneiden(-) ging(w) ist
Ich wurde unterbrochen.

maiñ rivars-cārj fonkaul [reverse charge phone call] **karnā cāhtā / cāhtī hūñ.**
ich R-Gespräch Telefonat(m) machen wollen(m/w) bin
Ich möchte ein R-Gespräch führen.
(sagt Mann / Frau)

fon [phone]	Telefon
fon karnā	telefonieren
āpereṯar [operator]	Telefonist
āñsering mashīn [answering machine]	Anrufbeantworter
nambar [number]	Nummer
koḏ [code]	Vorwahl
ḏāirekṯrī [directory]	Telefonbuch
rivars cārj kā fonkaul [reverse charge phone call]	R-Gespräch
faiks [fax]	Fax

mujhe yeh faiks [fax] **bhejnā hai.**
ich dieser Fax(m) schicken ist
Ich möchte dieses Fax verschicken.

Grabanlagen von Chaukhandi, bei Karachi

Internet

i mel [e-mail]	E-Mail
i mel edres [e-mail address]	E-Mail-Adresse
fā'il [file]	Datei

In vielen Orten gibt es auch Internetbüros, von denen aus man seine E-Mails verschicken kann.

Internetcafés heißen in Pakistan und Indien Cyber Café.

yahāñ internet [internet] **kahāñ hai?**
hier Internet wo ist
Wo gibt es hier ein Internetcafé?

mujhe i mel [e-mail] **bhejnā hai.**
mir E Mail schicken ist
Ich möchte eine E-Mail verschicken.

maiñ mere i melz dekhnā cāhtā / cāhtī hūñ.
ich meine E Mails sehen wollen(m/w) bin
Ich möchte meine E-Mails abrufen.
(sagt Mann / Frau)

mujhe kuch likhnā aur bhejnā hai.
mir etwas schreiben und schicken ist
Ich muss einen Text schreiben und verschicken.

mujhe yeh progrām (nahīñ) ma'lūm hai.
mir dieser Programm (nicht) bekannt ist
Ich kenne dieses Programm (nicht).

Behörden

Behördengänge – sei es zur Verlängerung von Visa, Reiseerlaubnissen für spezielle Gebiete oder zur einfachen polizeilichen Anmeldung – können manchmal nervenaufreibend sein. Auf jeden Fall sollte man sich auf längere Wartezeiten einstellen. Grundsätzlich sollte man immer freundlich, geduldig und gut gekleidet auftreten. Die Beamten sind gewohnt, mit Respekt und Ehrfurcht behandelt zu werden, und man sollte dem zumindest nichts entgegensetzen. Ob man besser Urdu oder eher ein paar Brocken gebrochenes Englisch spricht, sollte man vor Ort entscheiden.

mujhe vīzā [visa] **iksṯenshan** [extension] **cāhīe.**
mir Visum(m) Verlängerung(m) wollend
Ich möchte mein Visum verlängern lassen.

mujhe jarman [German] **jānne vālā vakīl cāhīe.**
mir Deutsch wissen(g) Besitzer(m) Anwalt wollend
Ich möchte einen Anwalt, der Deutsch spricht.

maiñ apne sifāratxāne se rābita karnā cāhtā / cāhtī hūñ.
ich eigen(m Mz) Botschaft(g)(m) von Kontakt machen wollen(m/w) bin
Ich möchte mit meiner Botschaft sprechen.

Behörden

Die meisten Büros sind samstags und sonntags geschlossen.

shikāyat (w)	Anzeige, Klage
qiyām kā ijāzat	Aufenthalts-genehmigung
afsar [officer]	Beamter
sifāratxānā	Botschaft *(diplom.)*
daftar	Büro
lāisens [licence]	Führerschein
polīs [police] (w)	Polizei
pāsporṯ [passport], **safar nāmā**	Reisepass
pāsporṯ kā nambar [number]	Reisepassnummer
dastaxat	Unterschrift
iksṯenshan	Verlängerung
vīzā [visa]	Visum
kasṯam [customs]	Zoll

Korruption ist nicht selten, man sollte aber nie den ersten Schritt dazu tun. Falls ein kleines Schmiergeld (rishvat) *notwendig ist, wird man Ihnen das durch die Blume mitteilen.*

corī ho gaī hai.
Diebstahl(w) sein(-) ging(w) ist
Ich wurde bestohlen.

mere paise / pāsporṯ gum gae haiñ.
meine Geld(m Mz) / Reisepass verlieren(-) ging(m Mz) sind
Ich habe mein Geld / meinen Pass verloren.

sāmān	Koffer, Gepäck
vālet [wallet], **baṯvā, pars** [purse]	Geldbörse
zevrāt	Schmuck
cābī (w)	Schlüssel
kapṟe	Kleidung

Krank sein

Das Gesundheitswesen in den Großstädten Indiens und Pakistans ist normalerweise recht gut. In allen größeren Orten gibt es Krankenhäuser oder zumindest Krankenstationen.

Man unterscheidet hier zwischen vier verschiedenen Behandlungsmethoden: Da ist erstens die alte indische Medizin Ayurveda (āyurvedik), die man v. a. in Indien findet; zweitens die griechisch-islamische Medizin (yūnānī) in Pakistan; drittens die homöopathische Medizin (homiyopaithī); und letztendlich die orthodoxe westliche Schulmedizin.

Bei kleinen Verstimmungen kann man ruhig mal einen alternativen Arzt aufsuchen, und man wird sich wundern, was diese für „Wunder" vollbringen.

Ich gebe hier einige wichtige Wörter und Sätze an, die man aber nur selten brauchen wird, denn grundsätzlich sprechen alle Ärzte ein ausgezeichnetes Fach-Englisch, da an indischen und pakistanischen Universitäten alle Naturwissenschaften ausschließlich auf Englisch unterrichtet werden.

Mit einem Smartphone können Sie sich die mit einem 👂 *gekennzeichneten Sätze dieses Kapitels anhören.*

👂 **mujhe añgrezī jānne vālā ḏākṯar** [doctor] **cāhie.**
mir Englisch kennen(g) Besitzer(m) Arzt(m) wollend
Ich brauche einen Arzt, der Englisch spricht.

Krank sein

maiñ bīmār hūñ. **ḏākṯar** [doctor] **kahāñ hai?**
ich krank bin *Arzt(m) wo ist*
Ich bin krank. Wo gibt es einen Arzt?

aspatāl [hospital] **kahāñ hai?**
Krankenhaus(m) wo ist
Wo ist ein Krankenhaus?

ḏākṯar ko bulāo
„Rufen Sie einen Arzt!“

ḏākṯar [doctor]	Arzt
laidī ḏākṯar [lady doctor]	Frauenarzt
ḏenṯisṯ [dentist]	Zahnarzt
davāxānā	Apotheke
aspatāl [hospital]	Krankenhaus
nars [nurse] (w)	Krankenschwester
tabī'at (w), **tandurustī** (w)	Gesundheit
bīmārī (w)	Krankheit
sāñs lenā	atmen
dard	Schmerz
coṯ (w)	Wunde

Es ist ratsam, folgende grundsätzliche Regeln einzuhalten: Erstens sollte man kein Leitungswasser trinken, und zweitens auch kein ungewaschenes Obst und Gemüse essen. Viele Besucher bekommen beim ersten Besuch Verdauungsprobleme, da sie die fremde Küche mit ihren Gewürzen nicht gewöhnt sind.

mujhe pecish ā rahā hai.
mir Durchfall(m) kommen(-) blieb(m) ist
Ich habe Durchfall.

yahāñ dard ho rahā hai!
hier Schmerz(m) sein(-) blieb(m) ist
Es tut mir hier weh!

... meñ dard hai.
... in Schmerz(m) ist
... tut mir weh.

mere sar	mein Kopf
mere peṯ	mein Magen
mere gale	mein Hals
mere dāñtoñ	meine Zähne
merī pīṯh	mein Rücken
mere dil	mein Herz
merī bāzū	mein Arm
merī ṯāñg	mein Bein

In den obigen Satz können Sie beispielsweise diese Ausdrücke unverändert einsetzen.

mujhe daiyabītis [diabetes] **hai.**
mir Diabetes(m) ist
Ich bin Diabetiker.

mujhe damā hai.
mir Asthma(m) ist
Ich bin Asthmatiker.

mujhe ... se elerjī [allergy] **hai.**
mir ...(g) von Allergie(w) ist
Ich bin gegen ... allergisch.

antibāyotik [antibiotics]	Antibiotika
penisilīn [penicillin]	Penizillin
zare gul	Pollen

aisā lagtā hai ki mujhe buxār hai.
so scheinen(m) ist dass mir Fieber(m) ist
Es scheint so, dass ich Fieber habe.

mujhe zukām hai.
mir Grippe(m) ist
Ich habe eine Grippe.

mujhe ... ke lie davā cāhīe.
mir ... von für Medikament(w) wollend
Ich brauche ein Mittel gegen ...

pecish, is-hāl	Durchfall
qabz	Verstopfung
badhazmī (w)	Magenverstimmung
buxār	Fieber
zukām, sardī	Grippe
khā̃sī (w)	Husten
sardard *Kopf(m)-Schmerz(m)*	Kopfschmerzen
dhūp se jalnā *Sonnenschein[g] von Brennen*	Sonnenbrand
jild kī bīmārī *Haut(w) von Krankheit(w)*	Hautkrankheit
infekshen [infection]	Infektion
peṯ meñ kiṟe *Bauch(m)[g] in Würmer*	Würmer
jūeñ	Läuse

mere pās apnī sirinj [syringe] **hai.**
mein bei eigene Spritze(w) ist
Ich habe meine eigene Spritze dabei.

mujhe injekshen [injection] **nahīñ cāhīe!**
mir Injektion(m) nicht wollend
Ich möchte keine Spritze!

nusxā	Rezept
davā (w)	Medikament
esprin [aspirin]	Aspirin
baind ed [band aid]	Pflaster
khāñsi kī davā (w)	Hustensaft
dastāvar	Abführmittel

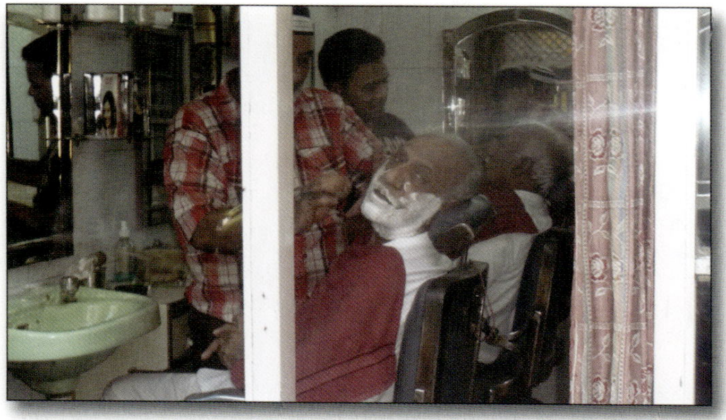

Beim Barbier

mujhe apne inshurens [insurance] **ke lie tafsīlāt vālī resīd** [receipt] **cāhīe.**
mir eigene Versicherung von für Details(w Mz) Besitzer(w) Rechnung(w) wollend
Ich möchte eine detaillierte Rechnung für meine Versicherung.

Toilette

Der Standard der Toiletten in Pakistan und Indien entspricht nicht immer dem, was wir gewöhnt sind. So gibt es oft nur Hockklos und kein Toilettenpapier, sondern nur einen Schlauch Wasser oder einen Krug, um sich nach getaner Arbeit die Hände zu waschen. Will man das nicht unbedingt ausprobieren, sollte man stets eigenes Papier bei sich haben.

Meist gibt es nur eine Toilette für Männer und Frauen. In guten Lokalen, Hotels usw. ist das natürlich nicht der Fall, dort findet man aber sicherlich die richtige Tür.

In Pakistan fragt man übrigens nicht nach der Toilette, sondern nach dem Waschraum (ǵusalxānā).

ǵusalxānā kahāñ hai?
Waschraum(m) wo ist
Wo ist die Toilette?

mujhe ǵusalxānā jānā hai.
mir Waschraum(m) gehen ist
Ich muss mal zur Toilette.

flash [flush] **kām nahīñ kartā.**
Spülung Arbeit nicht machen
Die Spülung funktioniert nicht.

ǵusalxānā, ṯāylet [toilet], **pāxānā**	Toilette, Waschraum
ṯāylet pepar [toilet paper]	Toilettenpapier
nambar van [number one]	„kleines Geschäft“
nambar ṯū [number two]	„großes Geschäft“

Literaturhinweise

Wer sich näher mit dem Urdu befassen will, dem seien folgende Werke empfohlen.

Als einzig deutschsprachiges Lehrbuch sei hier das **Urdu Lesebuch mit Kurzgrammatik** genannt, das beim Julius Groos Verlag in Heidelberg von H. J. Vermeer, W. Akhtar und A. Akhtar geschrieben ist und sich als weiterführendes Lehrwerk eignet.

Die hier genannten Bücher / Schriften sind – bis auf die drei letztgenannten – nicht über den Reise Know How Verlag erhältlich.

Auf Englisch gibt es das von der BBC herausgegebene **Hindi Urdu BOL CHAAL,** das sowohl Hindi als auch Urdu mit Videobändern und einem Begleitbuch vermittelt.

Aus der britischen Reihe **Teach Yourself** des Verlages Hodder & Stoughton gibt es ebenfalls ein Lehrbuch **Urdu,** das sich als weiterführendes Werk eignet.

An Wörterbüchern seien hier die beiden Werke **Urdu-Deutsch** und **Deutsch-Urdu** von Amjad Ahmad, Khurshid Ali sowie Tobias Gessler empfohlen, die beim VVB Laufersweiler Verlag in Wettenberg erschienen sind. Hier wird allerdings die Urdu-Schrift vorausgesetzt.

Beim Reise Know How Verlag Peter Rump GmbH gibt es einen **Kauderwelsch**-Band **Paschto,** der sich hervorragend für das nordwestliche Pakistan eignet, sowie (für die Landeskunde) die Bücher **Pakistan** von Susanne Thiel und **Indien** von Rainer Krack aus der Reihe **Kulturschock.**

REISE KNOW-HOW
Albanien
Sardinien
Tessin
Lago Maggiore
Nordseeküste
Schleswig-Holstein Ostseeküste
Andalusien
Litauen
England
Norden und Mitte
New York City
POSEN
ROSTOCK · WISMAR
WIESBADEN
PALMA de Mallorca
BUENOS AIRES
GÖTEBORG
ROTTERDAM
TRIER
WARSCHAU
Brasilianisch plus Wörterbuch
Französisch Slang
Polnisch Slang
Kauderwelsch plus
CityTrip
Polnisch Slang

Wörterliste Deutsch – Urdu

Fromme Muslime

Die Wörterlisten enthalten einen **Grundwortschatz** *von ca. 1000 Wörtern. Vokabular, das man in den einzelnen Kapiteln nachschlagen kann, ist hier nicht immer aufgeführt.*

Hauptwörter *werden immer nur in der Einzahl angeführt. Nur wenn sich die Mehrzahlform grundsätzlich verändert, wird diese auch angegeben.*

Weibliche Hauptwörter *sind gekennzeichnet, alle anderen sind männlich.*

Die Eigenschaftswörter werden nur in ihrer männlichen Form angegeben.

Intransitive Tätigkeitswörter, *also solche, die die Konstruktion mit* ne *(von) nicht benötigen, werden mit „(it)" gekennzeichnet. Alle anderen sind transitiv.*

In der **alphabetischen Reihenfolge** *wird das ' (für „'ein" und „hamza") nicht berücksichtigt!*

A

abbiegen mu<u>r</u>nā (it)
Abend shām (w), rāt (w)
Abendessen shām kā khānā
aber lekin
abfahren jānā (it), calnā (it)
abreisen safar karnā
Abteilung sha'bā
Adresse patā
Afghanistan afġānistān
allein akelā, tanhā
alles sab kuch
als (zeitl.) jab; **(Vergleich)** se
alt (Personen) bū<u>r</u>hā; **(Dinge)** purānā
Alter 'umr (w)
Andenken yād (w), yādgār (w)
andere dusrā
anfangen shurū' karnā / honā
Angestellter kāmkār
Angst xauf, <u>d</u>ar
ängstlich pareshān
anhalten ruknā (it)
ankommen pahuñcnā
Ankunft āmad (w)
anschauen dekhnā

Wörterliste Deutsch – Urdu

Antwort javāb
antworten javāb denā
anziehen, sich pahannā
Apotheke davāxānā
Arbeit kām
arbeiten kām karnā
Arbeiter mazdūr
arm ġarīb; **(bemitleidenswert)** qābil-e afsos
Arzt d̠ākt̠ar
auch bhī
auf ke ūpar
Aufenthalt qiyām
aufhören xatam karnā / honā
aufstehen ut̠hnā (it)
aus se
Ausgang bāhar, bāhar jāne kā rāstā
ausgezeichnet bahut xūb
Auskunft ma'lūmāt
Ausland pardes
Ausländer farangī
ausländisch farangī
ausruhen, sich ārām karnā
außen bāhar
außer ke sivā
Aussprache talfaz
aussteigen utarnā (it)
Ausstellung numāish (w)
Ausweis shināxtī kārd̠ [card]
Auto gār̠ī (w)
Autowerkstatt kārxānā

B

baden nahānā
Badezimmer ġusalxānā
Bahnhof ist̠eshan [station]
bald phir
Bank baink [bank]
Bargeld kaish [cash]
Bart dār̠hī (w)
Batterie baitrī [battery] (w)
bauen banānā
Bauer kisān
Baum per̠
Baumwolle kapās (w)
Bedeutung matlab
beeilen, sich tez karnā
beenden xatam karnā / honā
beginnen shurū' karnā / honā
begrüßen (jmd.) salām karnā
Behörde 'ihdā
bei ke pās
Beispiel, zum masalan
bekanntmachen, sich se milnā
benachrichten xabar denā
benutzen iste'māl karnā
Benzin pait̠rol [petrol]
beraten jmd. rāye denā
bereit tayyār
Berg pahār̠
Beruf peshā
berühmt mashhūr
beschweren, sich shakva karnā, shikāyat karnā
Beschwerde shakva, shikāyat
besichtigen dekhnā
Besichtigung jā'izā
Besitzer mālik, vālā
besser aur acchā
bestellen ard̠er [order] denā, mañgvānā
bestrafen sazā karnā
Besuch milnā, mulāqāt
besuchen milnā (it)
betrunken mast
Bett palañg
Bettzeug cādar
bevor se pahle
bezahlen paise denā
Bild tasvīr
billig sastā
bis tak
bisschen kam
bitte mihrbānī karke, plīz [please], zarā

Blatt kāġaz
blau nīlā
bläulich nīlā-sā
bleiben rahnā (it)
Blume phūl
Boot kashtī (w)
Botschaft (dipl.) sīfāratxānā
Brand āg (w)
Brauch rasm (w)
brauchen kī zarūrat honā
braun bhūrā, sanolā
Braut dulhan (w)
Bräutigam dūlhā
brennen jalnā (it)
Brief xat
Briefkasten ḏāk kā ḏabā
Briefmarke ḏāk-ṯikaṯ [ticket] (m, a: w)
Briefumschlag lifāfā
Brille cashmā, 'aīnak (w)
bringen lānā (it), le ānā (it)
Brot roṯī (w)
Brücke pul
Bruder bhāī
Brunnen kūvāñ
Brust(korb) chātī (w)
Buch kitāb (w)
Buchstabe hurūf
bunt rangīn
Burg qil'a
Büro daftar
Bus bas (w) [bus]

C

Chauffeur ḏrāivar [driver]
Chef dukāndār
China cīn
Christ 'īsā'ī

D

da vahāñ
dahinter ke pīche
damit ke lie
danach ke ba'd
danke mihrbānī, shukriyā, thainkyū [thank you]
dann us ke ba'd
darum is lie
dass ke
Datum tārīx (w)
Dauer muddat
dauern vaqt lagnā
denken socnā
deshalb is lie
deutsch jarman [German]
Deutsche/r jarman [German]
Deutschland jarmanī [Germany]
dick moṯā
Dieb cor
Diebstahl corī (w)
Ding cīz (w)
Dolmetscher mutarjim
Dorf gāoñ
dort vahāñ
dorthin udhar
drehen muṟnā (it); **etwas d.** moṟnā
dringend, es ist zarūrī hai
du tum, tū
dumm bevaqūf
durch se
Durchfall is-hāl, pecish
Durst piyās
Dusche shāvar [shower]

E

echt sac
egal koī bāt nahīñ!
Ehefrau bīvī (w)
Ehemann shauhar
ehrwürdig sharīf
Ei anḏā
eilig jaldī se, tezī se
einer ek
einfach āsān
Eingang dāxilā
einige kuch, koī
einladen (jmd.) da'vat denā
Einladung da'vat (w)
einmal ek bār

einsteigen dāxil honā
eintreten andar jānā, dāxil honā
einverstanden sein rāzī honā, ittifāq karnā
Einwohner rahnevālā
Eis (Speise-) āiskrīm [icecream] (w)
Eisen lauhā
Eisenbahn relve (w)
Eiswürfel barf (w)
Eltern vālidain
empfangen isteqbāl karnā
empfehlen sifārish karnā
Ende xātmā
eng tañg
Engländer añgrez
englisch añgrezī, inglish [English]
Entschuldigung! m'āf kījie!
entwickeln (Film) proses karnā [process]
er yeh, voh
Erde zamīn (w)
Erfolg kāmyābī (w), iqbāl
erhalten milnā
erholen, sich ārām karnā
erinnern, sich yād ānā (it)
Erinnerung yād (w), yādgār (w)
erklären batānā, samjhānā
erlauben ijāzat denā
erzählen batānā
essen khānā
Essen khānā
Etage manzil (w)
etwa taqrīban
etwas kuch; **(ein wenig)** kam

F

Fabrik kāmxānā
fahren calnā (it)
Fahrkarte ṯikaṯ [ticket] (m, a: w)
Fahrpreis kirāyā
falsch ghalat
Familie xāndān
Farbe rang
fast taqrīban
Feier xoshī (w), melā
feiern xoshī karnā
Feld (Acker) khet
Fenster khiṟkī (w)
Ferien chuṯṯī (w)
fern dūr
Fernsehgerät ṯī vī [TV]
fertig tayyār
Feuer āg (w)
Fieber buxār
Film film (w)
finden milnā
Firma kampanī [company] (w)
Fisch machlī (w)
Flasche boṯal / botal [bottle] (w)
Fleisch gosht
fliegen uṟnā (it)
Flughafen havāī aḏḏā
Flugticket ṯikaṯ [ticket] (m, a: w)
Flugzeug havāī jahāz
Fluss nadī, dariyā
Foto foṯo [photo] (w), tasvīr (w)
Fotoapparat kaimrā [camera]
fotografieren foṯo khaiñcnā
Frage savāl
fragen pūchnā
Frau 'aurat (w), xātūn / xavātīn (Mz)
frei āzād
Freiheit āzadī (w)
fremd, Fremder ajnabī
freuen, sich xūsh honā
Freund dost
Frieden amn
fröhlich xūsh
Frucht phal
früh jaldī
Frühling bahar (w)
Frühstück nāshtā
fühlen, sich lagnā
Führerschein lāisens [licence]

für ke lie
fürchten, sich (vor) se xauf lagnā
Fuß pair;
zu F. paidal

G

Gabel kā̃ṯā
ganz bilkul
Garten bāġ
Gas gāz
Gast mihmān
Gastfreundschaft mihmān navāzī (w)
Gaststätte resṯoranṯ
Gebäck roṯī (w)
Gebäude 'imārat (w)
geben denā
Gebirge pahāṟī silsilā
Gebühr kirāyā
Geburtstag sālgirah (w)
Gefahr xaṯrā
gefährlich xaṯarnāk
Gefängnis jel [jail] (w)
Gefühl ihsās
gegen ke xilāf
gegenüber bilmuqābil
gehen jānā (it)
gehetzt tezī se
gelb zard
gelblich zard-sā
Geld paise
Gemüse sabzī (w)
gemütlich ārāmdeh
genau tamām
genug! bas!
Gepäck sāmān
geradeaus sīdhā
Geschäft (Laden) dukān (w)
Geschenk tohfā
Geschichte (Historie) tārīx (w);
(Erzählung) kahānī (w)
geschlossen band
Gesellschaft (Firma) kampanī [company] (w)
Gesetz qānūn
Gespräch bāt (w)
gestern kal
gesund tandurust
Gesundheit tabī'at (w), tandurustī (w)
Getränk mashrūb
Getreide dāna
Gewicht vazan
gewinnen jītnā
Glas (Trink-) glās [glass]
glauben i'tiqād rakhnā
Glück xūshī (w), qismat (w)
glücklich xūsh
Gold sonā
Gott allāh, xudā
Grammatik qawā'id, grāmar [grammar]
Gras ghās (w)
gratulieren mubārakbād denā
Grenze hadd, sarhad
Grippe zukām
groß baṟā
Größe (Kleidung) sā'iz [size]
Großmutter dādī (w), nānī (w)
Großvater dādā, nānā
grün sabz
Grund vajah (w), sabab
grünlich sabz-sā
Gruppe jamā'at (w)
Gruß salām
grüßen salām karnā
gültig vājib
gut acchā, ṯhīk, xūb

H

Haar bāl
haben ke pās honā
Hafen bandargāh
Hälfte ādhā
halten ruknā (it);
(etw. an-) roknā
Haltestelle isṯāp [stop]
Hand hāth
Handel kārobār
Händler kārobārī, saudāgar
Handtuch tauliyā [towel]
hässlich bad-shakal
Hauptstadt dārulhukūmat
Haus makān, ghar
heilig muqaddas

Heirat shādī (w)
heiß garam
heißen: das heißt ya'ni, matlab
helfen madad karnā
Herbst xazāñ
Herr sāhib, sar [sir], jī, miyāñ, janāb, huzūr
heute āj
hier yahāñ
Hilfe madad (w)
Himmel āsmān
hinten pīche
hinter ke pīche
hoch ūñcā
hoffen ko ummid honā
hoffentlich inshā'allāh
holen lenā
Holz lakrī (w)
hören sunnā
Hose paint [pants] (w)
Hotel hotal [hotel]
hübsch (Personen) xūbsūrat
Hund kuttā
Hunger bhūk (w)

I

ich maiñ
ihr tum (log), āp (log)
immer hamesha
impfen injekshan lagānā [injection]
in (örtl., zeitl.) meñ
Indien hindustān, indyā [India]
Industrie sinā'at (w)
Information ma'lūmāt
Ingenieur injīnīr [engineer]
Insel jazīra
intelligent hoshyār
interessant dilcasp
interessieren, sich dilcaspī lenā
international bainalaqwāmī
Iran īrān
irgend(wer / -was) koī
Islam islām

J

ja hāñ
Jahr sāl, baras
Jahreszeit mausam, fasl
jeder har
jedesmal har bār
jemand koī
jetzt āb, ābhī
Journalist sahāfī
Jude; jüdisch yahūdī
jung javān
Junge betā

K

Kaffee kofī [coffee] (w)
kalt thandā
Kälte sardī (w)
Kamel ūñt
kaputt xarāb
Karte kārd [card]
Käse panīr
Kasse kesh desk [cash desk]
kaufen xarīdnā
kennen ko ma'lūm honā;
k. lernen se milnā
Kind baccā
Kino sinemā
Klage shikāyat (w)
Kleidung kapre
klein chotā
Kleingeld rezgārī (w)
Klingel ghantī (w)
klingeln ghantī bajānā
klug 'āqil
Koch bāvarcī
kochen khānā pakānā
Koffer sūtkes [suitcase]
kommen ānā;
komm her! āo!
kompliziert mushkil
König bādshāh
können saknā
Koran qur'ān sharīf
Korn (Getreide) dāna
kosten (Preis) lagnā
kostenlos muft

krank bīmār
Krankenhaus aspatāl [hospital]
Krankheit bīmārī
Krieg jang (w)
Küche bāvarcīxānā
Kuh gāy (w)
kühl ṯhanḏā
Kühlschrank frij [fridge]
Kunst fan
Künstler fankār
künstlich masnū'ī
Kupfer tambā
kurz choṯā
Kuss bosā
küssen bosā denā / lenā

L

lächeln muskurānā (it)
lachen hañsnā
Laden dukān (w)
Lampe laimp [lamp]
Land (n. Stadt) dehāt; **(Staat)** mulk
Landkarte naqshā
Landwirtschaft khetī bāṟī (w)
lang (n. kurz) lambā; **(Entfernung)** dūr;
lange (Zeit) bahut muddat se
langsam ahistā
langweilig bedilcasp
lassen coṟnā
laufen bhāgnā (it), dauṟnā (it)
laut zor se
leben (physisch) jīnā (it); **(wohnen)** rahnā (it)
Leben zindagī (w)
Lebensmittel ashyā'-e xoronosh
Leder camṟā
ledig kanvārā
leer xālī
legen rakhnā
lehren sikhānā
Lehrer mu'allim
leicht (Aufgabe) āsān; **(Gewicht)** halkā
leihen udhār lenā, qaraz lenā
lernen sīkhnā, paṟhnā
lesen paṟhnā
letzter āxirī
Leute log
Licht roshnī (w), nūr, lāit [light]
lieben muhabbat karnā
Lied gānā
Linie xatt
links bāyāñ, lefṯ [left]
Löffel cammac
Lohn (Gehalt) tañxvāh (w)
los! calo!
Löwe sher
Luft havā (w)
lügen jhūṯh bolnā
Lügner jhūṯh bolnevālā

M

machen karnā, banānā
Mädchen laṟkī (w)
Mal bār (w)
malen tasvīr banānā
manchmal kabhī kabhī
Mann admī
Markt bāzār
Maus cūhā
Medikament davā (w)
Meer samundar
mehr aur
meinen socnā
Meinung rāye
Mensch insān
merkwürdig 'ajīb
Messer cāqū
Miete kirāyā
mieten kirāye par lenā
Milch dūdh
Minarett minārat (w)
Minister vazīr
Ministerium vuzārat (w)
Minute minaṯ [minute]
mit se, ke sāth
Mittag dopahar
Mittagessen dopahar kā khānā
Mitte darmiyān
möglich mumkin
Monat mahīnā

morgen kal
Morgen subah (w), saverā
Moschee masjid (w)
Moslem musalmān
Motor moṯar
Motorrad moṯarsāikil [motorcycle] (w)
müde thakā;
m. sein thaknā (it)
Muezzin mu'azzin
Müll kacrā
Museum 'ajāyab ghar
Musik mūsīqī (w)
müssen ko cāhīe, ko paṟegā
Mutter vālidā (w)

N

nach (Richtung) kī taraf;
(zeitl.) ke ba'd
Nachbar paṟosī
nachdenken socnā
Nachmittag dopahar ke ba'd
Nachricht xabar (Mz: axbār)
nächster aglā
Nacht rāt (w)
nah qarīb, nazdīk
Name nām
nass gīlā
Natur fatrat (w), qudrat (w)
natürlich (n. künstl.) tabi'ī;
n.! zarūr!
neben sāth, qarīb
nehmen lenā
nein nahīñ
neu nayā
nicht nahīñ
nichts kuch nahīñ
niedrig choṯā
niemals kabhī nahīñ
niemand koī nahīñ
noch einmal ek bār aur
Norden shimāl, uttar
normal ma'mūl
nötig, notwendig zarūrī
Nummer nambar [number]
nur sirf

O

ob agar
oben ūpar
Obst phal
oder yā
öffnen kholnā
oft aksar
ohne ke bağair
Öl (Erd-) paiṯrol [petrol];
(Speise-) tel
Olive zetūn
Onkel (väterl.) cācā;
(mütterl.) māmā
orange (Farbe) nārangī
organisieren intizām karnā
Ort (Platz) jagah (w)
Osten mashriq, pūrab
Österreich āsṯriyā [Austria]
Österreicher āsṯriyan [Austrian]

P

paar, ein kuch
Paar joṟā
Paket pārsil [parcel];
(Packung) paikiṯ [packet]
Papier kāğaz
Park bāğ
Pass (Reise-) pāsporṯ [passport]
Pause vaqfā
Persien īrān, mulk-e fars
Person insān
Plan maqsad, plān [plan]
Platz jagah (w), maidān
Politik siyāsat (w)
Polizei polīs [police] (w)
Post ḏāk (w)
Postamt ḏākxānā

Postkarte postkārd
Preis qīmat (w)
privat nijī, xās
Problem mushkil (w)
Programm progrām

Q

Qualität kvālitī [quality] (w)
Quittung bil [bill]

R

Radiogerät rediyo [radio]
Rat (Tipp) tajvīz (w); **(Versammlung)** majlis
rauchen sigret pīnā
Raum kamrā
rechnen hisāb lagānā
Rechnung hisāb
Recht qānūn, haqq
rechts rayt [right], dāyāñ
reden bāt karnā
Regen bārish (w)
Regenschirm chatrī (w)
Regierung hukūmat (w)
regnen: es regnet bārish ho rahī hai
reich amīr
reinigen sāf karnā
Reise safar
reisen safar karnā
Reisender musāfir
Reisescheck traivalars cek [travellers' cheque]
Religion mazhab
rennen bhāgnā (it), daurnā (it)
Reparatur marammat (w)
reparieren marammat karnā
reservieren buking [booking] karnā
Respekt 'izzat (w)
Restaurant restorant
richtig sac, sahīh
Richtung taraf (w)
rosa gulābī
rot surx, lāl
rötlich surx-sā
rufen (schreien) cillānā
Ruhe ārām
ruhig xāmosh, ārām se

S

Sache cīz (w)
sagen kahnā, batānā
Salz namak
sammeln jama' karnā
Sand ret (w)
satt pet bharā huā
Satz (Sprache) jumla
sauber sāf
sauer khatā
Schallplatte (CD) disk
scharf garam
Schatten sāyā
Schere qaiñcī (w)
schicken bhejnā
Schiff jahāz
Schiite shi'ī
schlafen sonā
Schlafzimmer bed rūm [bedroom]
schlagen mārnā
schlau samajhdār
schlecht xarāb, bad
schließen band karnā
Schloss (Gebäude) qil'a
Schlüssel cābī (w)
schmackhaft mazedār
Schmerz dard
schmutzig gandā
schneiden kātnā
schnell jaldī
Schokolade cāklet [chocolate]
schön xūbsūrat
Schrank almārī (w)
schreiben likhnā
Schuh jūtā
Schuld zamadārī
schuldig qasūrvār
Schule iskūl [school]
Schüler shāgird
schwach kamzor
schwanger hāmla
schwarz kālā
schweigen kuch na batānā

Schweiz svīsra, svitzarlaiñd
Schweizer(in) svīsrī, svis
schwer bhārī
Schwester behn (w)
schwierig mushkil
schwimmen tairnā
schwitzen pasīnā ānā
See jhīl (w)
sehen dekhnā
Seide resham
Seife sābūn
Seil rassī (w)
sein honā
seit is vaqt se
Seite (Buch) safha; **(Richtung)** taraf (w)
Sekunde sekend [second]
selbst xūd
selbstverständlich! zarūr!
setzen, sich baithnā (it)
sie (Ez u. Mz) yeh, voh; **Sie** āp
Silber cāñdī (w)
singen gānā
sitzen baithnā (it)
so aisā, hī, to
sofort fauran
sogar balki
Sohn betā
Soldat faujī, sipāhī
sollen ko cāhīe, ko paregā
Sommer garmī (w)
Sonne sūraj
sparen raqm bacānā
Sparen (Ersparnis) bacat [budget]
spät der se, der
Speise khānā
Speisekarte menyū
Spiel khel, khel kūd
spielen khelnā
Sport khel
Sprache zabān (w)
sprechen bolnā
Spritze sirinj [syringe] (w)
Staat mulk
Staatsangehörigkeit qaumiyat (w)
Stadt shahr
stark tāqatvar
stehen kharā honā
stehend kharā
stehlen corī karnā
Stein patthar
Stelle (Ort) jagah (w)
sterben marnā (it)
Stift pen [pen]
Stimme āvāz (w)
Stoff kaprā
Strafe sazā
Strand sāhil
Straße sarak (w)
Streichhölzer mācis [matches] (w)
Strom bijlī
Stück takrā
Student tālib-e 'ilm
Stunde ghantā
suchen dhūndnā; kī talāsh karnā
Süden janūb, dakkhin
Sunnit sunnī
Suppe shorbā
süß mīthā

T

Tabak tambākū (w)
Tablette davā kī golī (w)
Tadschikistan tajīkistān
Tag din, roz
täglich har roz
Tal vādī
Tankstelle paitrol pamp [petrol pump]
Tante (mütterl.) māmī (w); **(väterl.)** cācī (w)
tanzen nācnā (it)
Tasche baig [bag], pars [purse]
Taxi taiksī (w)
Tee cāe (w)
Telefon fon [phone]
telefonieren fon karnā
teuer maheñgā
Teufel shaitān

Theater thiyetar [theatre]
tief gahrā
Tiefe gahrā'ī
Tier jānvar
Tochter betī (w)
Tod maut (w)
Toilette ǵusalxānā
Toilettenpapier tāylet pepar [toilet paper]
tot marā, marhūm
töten mārnā
Tourist musāfir
Tradition rasm aur rivāj
tragen le jānā, āthānā
traurig ǵamgīn
treffen (mit), sich se milnā
Treppe sīrhī (w)
trinken pīnā
Trinkgeld baxshīsh
trocken sukhā
tschüss! bāi-bāi [bye-bye!]
tun karnā
Tür darvāzā
Turm minār (w)
Tüte baig [bag]

U

über (örtl.) ke ūpār
überall har jagah meñ
übermorgen parsoñ
übersetzen tarjumā karnā
Übersetzer mutarjim
Übung mashq (w)
Uhr gharī (w)
um (zu) tāki
umsonst be kār
umtauschen badalnā, tabdīl karnā
Umwelt māhaul
unbekannt nā ma'lūm
und aur
Unfall hādsā
ungefähr taqrīban
Universität yunivarsitī [university] (w)
unmöglich ǵair mumkin, muhāl
unschuldig sein begunāh honā
unten nīche
unter ke nīche
unterrichten sikhānā
unterschreiben dastxat karnā
Unterschrift dastxat
Urlaub chuttī (w)

V

Vater vālid
Ventilator pankhā
Verabredung mulāqāt (w)
verboten mana', mamnū'; **(religiös)** harām
verdienen kamānā
vergessen bhūlnā (it)
verkaufen becnā
verlassen chornā
verletzt zaxmī
Verletzung cot (w), zaxm
verlieren (Dinge) khonā
vermieten kirāye par denā
verrückt pāgal, divānā
Versicherung bīma
verspäten, sich der karnā
Verspätung der (w)
verstehen samajhnā
versuchen koshish karnā
viel bahut
vielleicht shāyed
Vogel parindā
Volk qaum
voll bharā, ful [full]
von (her) se; **(Besitz)** kā
vor (örtl.) ke sāmne, ke āge; **(zeitl.)** ke pahle
vorbereiten tayyār karnā
vorgestern parsoñ
vorher se pahle

Vormittag dopahar se pahle
Vorname pahlā nām
vorne āge, sāmne
Vorschlag tajvīz (w)
Vorwahlnummer eriā kod [area code]

W

Wagen gāṛī (w)
wahr sac
während jab ke, is daurān
Wand dīvār (w)
wann kab
warm garam
warten intizār karnā
warum kyoñ
was kyā
waschen dhonā, sāf karnā
Wasser pānī
Watte kapās (w)
wechseln badalnā
wecken jagānā
Weg rāstā
wegen ke lie
weggehen jānā (it)
weiblich nisvānī
weil kyoñki
weinen ronā
weiß safed; **(Hautfarbe)** gorā
weißlich safed-sā
weit dūr
welcher kaunsā
wenig kam
wenn (als) jab; **(falls)** agar
wer kaun
werden ho jānā (it)
Westen maġrib, pacchim
Wetter mausam
wichtig ahm, zarūrī
wie kaisā; **w. viel** kitnā
wieder ek bār aur
wiederholen dharānā, phir se karnā
Wind havā (w)
Winter sardī
wir ham
Wirtschaft iqtisādī nizām
wissen jānnā
wo kahāñ
Woche haftā
woher kahāñ se
wohin kidhar (it)
wohnen rahnā
Wohnung makān
Wolle ūn
wollen cāhnā
Wort lafz
Wörterbuch luġat
Wunde coṭ (w)
wünschen xvāhish karnā
Wüste sahrā

Z

zahlen paise denā
Zahn dāñt
Zahnarzt dāñtoñ kā ḍākṭar
Zahnbürste ṭūth brash [toothbrush]
zeigen dikhānā
Zeit vaqt
Zeitung axbār
Zelt xemā, ṭenṭ [tent]
Zentrum (Stadt-) (shahr kā) markaz
Zigarette sigreṭ [cigarette] (w)
Zimmer kamrā
Zoll kasṭam [customs]
zufrieden xūsh
Zug relgāṛī (w), ṭren [train] (w)
zusammen sāth-sāth
zweifellos shakk ke baġair
zwischen bīc meñ

A

abyār Brunnen
acchā gut;
aur a. besser
admī Mann
afǵānistān Afghanistan
agar ob, wenn, falls
aglā nächster
ahistā langsam
ahm wichtig
aisā so
'aīnak (w) Brille
'ajāyab ghar Museum
'ajīb merkwürdig
ajnabī fremd, Fremder
akelā allein
aksar oft
allāh Gott
almārī (w) Schrank
amīr reich
amn Frieden
andar jānā eintreten
anḏā Ei
añgrez Engländer
añgrezī englisch
arḏer [order] **denā** bestellen
ashyā'-e xoronosh Lebensmittel
aspatāl [hospital] Krankenhaus
aur mehr, und
'aurat (w) Frau
axbār Zeitung

Ā

āb(hī) jetzt
ādhā Hälfte
āg (w) Feuer, Brand
āge vorne;
ke ā. vor (örtl.)
āiskrīm [icecream] (w) (Speise-)Eis
āj heute
āmad (w) Ankunft
ānā kommen;
le ā.ā (it) bringen
āp ihr, Sie
'āqil klug
ārām Ruhe;
ā. karnā erholen, sich ausruhen;
ā. se ruhig
ārāmdeh gemütlich
āsān einfach
āsmān Himmel
āsṯriyan [Austrian] Österreicher
āsṯriyā [Austria] Österreich
āṯhānā tragen
āvāz (w) Stimme
āxirī letzter
āzād frei
āzādī (w) Freiheit

B (Bh)

bacat [budget] Sparen
baccā Kind
bad schlecht
ba'd: ke b. nach (zeitl.);
us ke b. dann
badalnā umtauschen, wechseln
bad-shakal hässlich
baǵair: ke b. ohne
bahār (w) Frühling
bahut viel, sehr
baig [bag] Tasche, Tüte
bainalaqwāmī international
baink [bank] Bank
baitrī [battery] (w) Batterie
baiṯhnā (it) sich setzen, sitzen
balki sogar
banānā bauen, machen
band geschlossen;
b. karnā schließen
bandargāh Hafen
baras Jahr
barf (w) Eiswürfel
baṟā groß
bas [bus] (w) Bus
bas! genug!
batānā sagen, erzählen, erklären;
kuch na b. schweigen
baxshīsh Trinkgeld
bādshāh König
bāǵ Park, Garten

Wörterliste Urdu – Deutsch

bāhar Ausgang; außen;
b. jāne kā rāstā Ausgang
bāi-bāi [bye-bye] tschüss!
bāl Haar
bār (w) Mal;
ek b. aur wieder, noch einmal,
bārish (w) Regen;
b. ho rahī hai es regnet
bāt (w) Gespräch;
b. karnā reden
bāvarcī Koch
bāvarcīxānā Küche
bāyāñ links
bāzār Markt, Bazar
be: b. kār umsonst
becnā verkaufen
bedilcasp langweilig
beḍ rūm [bedroom] Schlafzimmer
begunāh unschuldig
behn (w) Schwester
beṭā Junge, Sohn
beṭī (w) Tochter
bevaqūf dumm
bharā voll
bhāgnā (it) laufen, rennen
bhāī Bruder
bhārī schwer
bhejnā schicken
bhī auch
bhūk (w) Hunger
bhūlnā (it) vergessen
bhūrā braun
bijlī Strom
bil [bill] Quittung
bilkul ganz
bilmuqābil gegenüber
bīc meñ zwischen
bīma Versicherung
bīmār krank
bīmārī Krankheit
bīvī (w) Ehefrau
bolnā sprechen
bosā Kuss;
b. denā / lenā küssen
boṭal [bottle] (w) Flasche
buking [booking] **karnā** reservieren
buxār Fieber
būṛhā alt (Personen)

C (Ch)

calnā (it) (ab)fahren;
calo! los!
cammac Löffel
camṛā Leder
cashmā Brille
cābī (w) Schlüssel
cācā Onkel (väterl.)
cācī (w) Tante (väterl.)
cādar Bettzeug
cāe (w) Tee
cāhnā wollen;
ko cāhīe müssen, sollen
cākleṭ [chocolate] Schokolade
cāñdī (w) Silber
cāqū Messer
chatrī (w) Regenschirm
chātī (w) Brust(korb)
choṛnā verlassen
choṭā klein; kurz; niedrig
chuṭṭī (w) Ferien, Urlaub
cillānā rufen, schreien
cīn China
cīz (w) Ding, Sache
cor Dieb
corī (w) Diebstahl;
c. karnā stehlen
coṛnā lassen
coṭ (w) Verletzung, Wunde
cūhā Maus

D (Dh)

daftar Büro
dakkhin Süden
dard Schmerz
dariyā Fluss
darmiyān Mitte
darvāzā Tür
dastxat Unterschrift;
d. karnā unterschreiben
daurān: is d. während

daurnā (it) laufen, rennen
da'vat (w) Einladung;
d. denā einladen
davā (w) Medikament;
d. kī golī (w) Tablette
davāxānā Apotheke
dādā Großvater
dādī (w) Großmutter
dāna Getreide, Korn
dāñt Zahn
dārhī (w) Bart
dārulhukūmat Hauptstadt
dāxil honā einsteigen, eintreten
dāxilā Eingang
dāyāñ rechts
dehāt Land (n. Stadt)
dekhnā anschauen, sehen, besichtigen
denā geben
der (w) Verspätung; spät;
d. se spät;
d. karnā sich verspäten
dharānā wiederholen
dhonā waschen
dikhānā zeigen
dilcasp interessant
dilcaspī lenā sich interessieren
din Tag
divānā verrückt
dīvār (w) Wand
dopahar Mittag;
d. kā khānā Mittagessen;
d. ke ba'd Nachmittag;
d. se pahle Vormittag
dost Freund
dukān (w) Geschäft, Laden
dukāndār Chef
dulhan (w) Braut
dusrā andere
dūdh Milch
dūlhā Bräutigam
dūr fern, weit, lang (Entfernung)

D

dar Angst
dāk (w) Post;
d. kā dabā Briefkasten
dāktar Arzt;
dāñtoñ kā d. Zahnarzt
dāk-tikat [ticket] (m, a: w) Briefmarke
dākxānā Postamt
dhūndnā suchen
disk Schallplatte, CD
drāivar [driver] Chauffeur

E

ek einer
eriā kod [area code] Vorwahlnummer

F

fan Kunst
fankār Künstler
farangī Ausländer, ausländisch
fasl Jahreszeit
fatrat (w) Natur
faujī Soldat
fauran sofort
film (w) Film
fon [phone] Telefon;
f. karnā telefonieren
foto [photo] (w) Foto;
f. khaiñcnā fotografieren
frij [fridge] Kühlschrank
ful [full] voll

G (Gh)

gahrā tief
gahrā'ī Tiefe
gandā schmutzig
garam warm, heiß; scharf
garmī (w) Sommer
gānā Lied; singen
gāoñ Dorf
gārī (w) Auto, Wagen
gāy (w) Kuh

gāz Gas
ghalat falsch
ghanṯā Stunde
ghanṯī (w) Klingel;
gh. bajānā klingeln
ghar Haus
ghaṟī (w) Uhr
ghās (w) Gras
gīlā nass
glās [glass] Glas (Trink-)
gorā weiß (Hautfarbe)
gosht Fleisch
grāmar [grammar] Grammatik
gulābī rosa

Ġ

ġair mumkin unmöglich
ġamgīn traurig
ġarīb arm
ġusalxānā Toilette, Badezimmer

H

hadd Grenze
haftā Woche
halkā leicht
ham wir
hamesha immer
hañsnā lachen
haqq Recht
har jeder;
h. jagah meñ überall;
h. roz täglich
harām verboten (relig.)
havā (w) Luft, Wind
havāī: h. aḏḏā Flughafen;
h. jahāz Flugzeug
hādsā Unfall
hāmla schwanger
hāñ ja
hāth Hand
hindustān Indien
hisāb Rechnung;
h. lagānā rechnen
hī so
ho jānā (it) werden
honā sein
hoshyār intelligent
hoṯal [hotel] Hotel
hukūmat (w) Regierung
hurūf Buchstabe
huzūr Herr

I / Ī

'ihdā Behörde
ihsās Gefühl
ijāzat denā erlauben
'imārat (w) Gebäude
inḏyā [India] Indien
inglish [English] englisch
injekshan lagānā [injection] impfen
injīnīr [engineer] Ingenieur
insān Mensch, Person
inshā'allāh hoffentlich
intizām karnā organisieren
intizār karnā warten
iqbāl Erfolg
iqtisādī nizām Wirtschaft
is-hāl Durchfall
iskūl [school] Schule
islām Islam
iste'māl karnā benutzen
isteqbāl karnā empfangen
isṯāp [stop] Haltestelle
isṯeshan [station] Bahnhof
i'tiqād rakhnā glauben
ittifāq karnā zustimmen
ixwān Bruder
'izzat (w) Respekt
īrān Iran, Persien
'īsā'ī Christ, christlich

J (Jh)

jab als (zeitl.), wenn;
j. ke während
jagah (w) Ort, Platz, Stelle
jagānā wecken

jahāz Schiff
jaldī früh, schnell;
j. se eilig
jalnā (it) brennen
jama' karnā sammeln
jamā'at (w) Gruppe
janāb Herr
jang (w) Krieg
janūb Süden
jarman [German] deutsch; Deutsche(r)
jarmanī [Germany] Deutschland
javāb Antwort;
j. denā antworten
javān jung
jazīra Insel
jā'izā Besichtigung
jānā (it) gehen, weggehen, abfahren;
le j. tragen
jānnā wissen
jānvar Tier
jel [jail] (w) Gefängnis
jhīl (w) See
jhūṯh Lüge;
jh. bolnā lügen
jī mein Herr
jīnā (it) leben
jītnā gewinnen
joṛā Paar
jumla Satz (Sprache)
jūtā Schuh

K (Kh)

kab wann
kabhī: k. kabhī manchmal;
k. nahīñ niemals
kacrā Müll
kahāñ wo;
k. se woher
kahānī (w) Geschichte, Erzählung
kahnā sagen
kaimrā Fotoapparat
kaisā wie
kaish [cash] Bargeld
kal gestern, morgen
kam bisschen, etwas, wenig
kamānā verdienen
kampanī [company] (w) Gesellschaft (Firma)
kamrā Raum, Zimmer
kamzor schwach
kanvārā ledig
kapās (w) Baumwolle, Watte
kapṛā Stoff;
kapṛe Kleidung
karnā machen, tun
kashtī (w) Boot, Schiff
kasṯam [customs] Zoll
kaun wer
kaunsā welcher
kā von (Besitz)
kāġaz Blatt, Papier
kālā schwarz
kām Arbeit;
k. karnā arbeiten
kāmxānā Fabrik
kāmkār Angestellter
kāmyābī (w) Erfolg
kāñṯā Gabel
kārxānā Werkstatt
kārḏ [card] Karte
kārobār Handel
kārobārī Händler
kāṯnā schneiden
ke dass
kesh ḏesk [cash desk] Kasse
khaṛā stehend;
kh. honā stehen
khaṯā sauer
khānā essen; Essen, Speise;
kh. pakānā kochen
khel, kh. kūd Spiel
khelnā spielen
khet Feld (Acker)
khetī bāṛī (w) Landwirtschaft
khiṛkī (w) Fenster
kholnā öffnen
khonā verlieren (Dinge)
kidhar (it) wohin
kirāyā Fahrpreis; Gebühr; Miete;
kirāye par denā vermieten;
kirāye par lenā mieten
kisān Bauer

kitāb (w) Buch
kitnā wie viel
kofī [coffee] (w) Kaffee
koī einige, irgendwer, irgendetwas, jemand;
k. bāt nahīñ! egal!;
k. nahīñ niemand
koshish karnā versuchen
kuch einige, ein paar, etwas;
k. nahīñ nichts
kuttā Hund
kūvāñ Brunnen
kyā was
kyoñ warum
kyoñki weil

L

lafz Wort
lagnā sich fühlen; kosten (Preis)
laimp [lamp] Lampe
lakṛī (w) Holz
lambā lang
laṛkī (w) Mädchen
lauhā Eisen
lāisens [licence] Führerschein
lāit [light] Licht
lāl rot
lānā (it) bringen
left [left] links
lekin aber
lenā holen, nehmen
lie: is l. deshalb;
ke l. damit, für, wegen
lifāfā Briefumschlag
likhnā schreiben
log Leute
luġat Wörterbuch

M

ma'lūm: ko m. honā kennen;
nā m. unbekannt
ma'lūmāt Auskunft, Information
machlī (w) Fisch
madad (w) Hilfe;
m. karnā helfen
maġrib Westen
maheñgā teuer
mahīnā Monat
maidān Platz
maiñ ich
majlis Rat (Versamml.)
makān Haus, Wohnung
mamnū' verboten
ma'mūl normal
mana' verboten
mañgvānā bestellen
manzil (w) Etage
maqsad Plan
marammat (w) Reparatur;
m. karnā reparieren
marā, marhūm tot
markaz Zentrum;
shahr kā m. Stadtzentrum
marnā (it) sterben
masalan zum Beispiel
mashhūr berühmt
mashq (w) Übung
mashriq Osten
mashrūb Getränk
masjid (w) Moschee
masnū'ī künstlich
mast betrunken
matlab Bedeutung, das heißt
mausam Jahreszeit, Wetter
maut (w) Tod
mazdūr Arbeiter
mazedār schmackhaft
mazhab Religion
mācis [matches] (w) Streichhölzer
m'āf kījie! Verzeihung!, Entschuldigung
māhaul Umwelt
mālik Besitzer
māmā Onkel (mütterl.)
māmī (w) Tante (mütterl.)
mārnā schlagen, töten
melā Feier
meñ in (örtl. / zeitl.)
menyū Speisekarte
mihmān Gast;
m. navāzī (w) Gastfreundschaft

mihrbānī danke;
m. karke bitte
milnā erhalten, finden, besuchen; Besuch;
se m. kennen lernen, sich treffen mit
minār (w) Turm
minārat (w) Minarett
minaṯ [minute] Minute
miyāñ Herr
miṯhā süß
moṟnā drehen (etw.)
moṯar Motor
moṯarsāikil [motorcycle] (w) Motorrad
moṯā dick
mu'allim Lehrer
mu'azzin Muezzin
mubārakbād denā gratulieren
muddat Dauer;
bahut m. se lange Zeit
muft kostenlos
muhabbat karnā lieben
muhāl unmöglich
mulāqāt (w) Besuch, Verabredung
mulk Land, Staat
mumkin möglich
muqaddas heilig
muṟnā (it) drehen, abbiegen
musalmān Moslem
musāfir Reisender, Tourist
mushkil (w) Problem; kompliziert, schwierig
muskurānā (it) lächeln
mutarjim Dolmetscher
mūsīqī (w) Musik

N

nadī Fluss
nahānā baden
nahīñ nein, nicht
namak Salz
nambar [number] Nummer
naqshā Landkarte
nayā neu
nazdīk nah
nācnā (it) tanzen
nām Name;
pahlā n. Vorname
nānā Großvater
nānī (w) Großmutter
nārangī orange (Farbe)
nāshtā Frühstück
nijī privat
nisvānī weiblich
nīche unten;
ke n. unter
nīlā blau
nīlā-sā bläulich
numāish (w) Ausstellung
nūr Licht

P

pacchim Westen
pahannā sich anziehen
pahāṟ Berg
pahle: ke p. vor (zeitl.);
se p. bevorr
pahuñcnā ankommen
paidal zu Fuß
paikiṯ [packet] Packung
paint [pants] (w) Hose
pair Fuß
paise Geld;
p. denā (be)zahlen
paiṯrol [petrol] Benzin, Erdöl;
p. pamp [petrol pump] Tankstelle
palañg Bett
panīr Käse
pankhā Ventilator
pardes Ausland
pareshān ängstlich
parindā Vogel
pars [purse] Tasche
parsoñ übermorgen, vorgestern
paṟegā: ko p. müssen, sollen
paṟhnā lesen, lernen
paṟosī Nachbar
pasīnā ānā schwitzen
pasporṯ [passport] Reisepass
patā Adresse
patthar Stein

pāgal verrückt
pānī Wasser
pārsil [parcel] Paket
pās: ke p. bei;
ke p. honā haben
pecish Durchfall
pen [pen] Stift
peṛ Baum
peshā Beruf
peṭ: p. bharā huā satt
phal Früchte, Obst
phir bald;
ph. se karnā wiederholen
phūl Blume
piyās Durst
pīche hinten;
ke p. hinter
pīnā trinken
plān [plan] Plan
plīz [please] bitte
polīs [police] (w) Polizei
posṭkārḍ [postcard] Postkarte
progrām [programme] Programm
proses karnā [process] entwickeln (Film)
pul Brücke
purānā alt (Dinge)
pūchnā fragen
pūrab Osten

Q

qaiñcī (w) Schere
qaraz lenā leihen
qarīb nah, neben
qasūrvār schuldig
qaum Volk
qaumiyat (w) Staatsangehörigkeit
qawā'id Grammatik
qābil-e afsos arm (bemitleidenswert)
qānūn Recht, Gesetz
qil'a Burg, Schloss
qismat (w) Glück
qiyām Aufenthalt
qīmat (w) Preis
qudrat (w) Natur
qur'ān sharīf Koran

R

rahnā (it) bleiben, wohnen
rahnevālā Einwohner
rakhnā legen
rang Farbe
rangīn bunt
raqm bacānā sparen
rasm (w) Brauch;
r. aur rivāj Tradition
rassī (w) Seil
rayṭ [right] rechts
rāstā Weg; rechts
rāt (w) Abend, Nacht
rāye Meinung;
r. denā beraten
rāzī honā einverstanden sein
reḍiyo [radio] Radiogerät
relgāṛī (w) Zug
relve (w) Eisenbahn
resham Seide
resṭoranṭ Restaurant
ret (w) Sand
rezgārī (w) Kleingeld
roknā anhalten (etw.)
ronā weinen
roshnī (w) Licht
roṭī (w) Brot, Gebäck
roz Tag
ruknā (it) (an)halten

S (Sh)

sab alle;
s. kuch alles
sabab Grund
sabz grün
sabzī (w) Gemüse
sabz-sā grünlich
sac echt, richtig, wahr
safar Reise;
s. karnā (ab)reisen
safārash karnā empfehlen
safed weiß
safed-sā weißlich
safha Seite (Buch)

sahāfī Journalist
sahīh richtig
sahrā Wüste
saknā können
salām Gruß;
s. karnā (be)grüßen
samajhdār schlau
samajhnā verstehen
samjhānā erklären
samundar Meer
sanolā braun
sar [sir] mein Herr
sardī (w) Kälte, Winter
sarhad Grenze
saṛak (w) Straße
sastā billig
saudāgar Händler
savāl Frage
saverā Morgen
sazā Strafe;
s. karnā bestrafen
sābūn Seife
sāf sauber;
s. karnā reinigen, waschen
sāhib Herr
sāhil Strand
sā'iz [size] Größe (Kleidg.)
sāl Jahr
sālgirah (w) Geburtstag
sāmān Gepäck
sāmne vorne;
ke s. vor (örtl.)
sāth neben;
s. sāth zusammen;
ke s. mit
sāyā Schatten
se aus, durch, mit, von, als (Vergleich)
sekenḍ [second] Sekunde
sha'bā Abteilung
shahr Stadt
shaitān Teufel
shakk: sh. ke baġair zweifellos
shakva Beschwerde;
sh. karnā sich beschweren
sharīf ehrwürdig
shauhar Ehemann
shādī (w) Heirat
shāgird Schüler
shām (w) Abend;
sh. kā khānā Abendessen
shāvar [shower] Dusche
shāyed vielleicht
sher Löwe
shi'ī Schiite
shikāyat (w) Klage, Beschwerde
shimāl Norden
shināxtī kārḍ [card] Ausweis
shorbā Suppe
shukriyā danke
shurū': sh. karnā, sh. honā anfangen, beginnen
sigreṭ [cigarette] (w) Zigarette;
s. pīnā rauchen
sikhānā lehren, unterrichten
sinā'at (w) Industrie
sinemā Kino
sipāhī Soldat
sirf nur
sirinj [syringe] (w) Spritze
sivā: ke s. außer
siyāsat (w) Politik
sīdhā geradeaus
sīfāratxānā Botschaft (dipl.)
sīfārish karnā empfehlen
sīkhnā lernen
sīṛhī (w) Treppe
socnā denken, meinen, nachdenken
sonā Gold; schlafen
subah (w) Morgen
sukhā trocken
sunnā hören
sunnī Sunnit
surx rot
surx-sā rötlich
sūraj Sonne
sūṭkes [suitcase] Koffer
svis [Swiss] Schweizer(in), schweizerisch
svīsra Schweiz
svīsrī Schweizer(in)

svitzarlaiñd [Switzerland] Schweiz

T (Th)

tabdīl karnā umtauschen
tabi'ī natürlich
tabī'at (w) Gesundheit
tairnā schwimmen
tajīkistān Tadschikistan
tajvīz (w) Rat, Vorschlag
tak bis
talāsh: kī t. karnā suchen
talfaz Aussprache
tamām genau
tambā Kupfer
tambākū (w) Tabak
tañxvāh (w) Lohn, Gehalt
tandurust gesund
tandurustī (w) Gesundheit
tañg eng
tanhā allein
taqrīban etwa, fast, ungefähr
taraf (w) Seite, Richtung;
kī t. nach (Richtung)
tarjumā karnā übersetzen
tasvīr (w) Bild, Foto;
t. banānā malen
tauliyā [towel] Handtuch
tayyār bereit, fertig;
t. karnā vorbereiten
tāki um zu
tālib-e 'ilm Student
tāqatvar stark
tārix (w) Datum, Geschichte
tel (Speise-)Öl
tez karnā sich beeilen
tezī se eilig, gehetzt
thainkyū [thank you] danke
thakā müde
thaknā (it) müde sein
thiyetar [theatre] Theater
to so
tohfā Geschenk
tum du, ihr
tū du

T(Th)

taiksī (w) Taxi
takrā Stück
tāylet pepar [toilet paper] Toilettenpapier
tent [tent] Zelt
thandā kalt, kühl
thīk gut
tī vī [TV] Fernsehgerät
tikat [ticket] (m, a: w) Fahrkarte, Flugticket
traivalars cek [travellers' cheque] Reisescheck
tren [train] (w) Zug
tūth brash [toothbrush] Zahnbürste

U

udhar dorthin
udhār lenā leihen
ummid: ko u. honā hoffen
'umr (w) Alter
urnā (it) fliegen
utarnā (it) aussteigen
uttar Norden
uthnā (it) aufstehen

Ū

ūn Wolle
ūñcā hoch
ūñt Kamel
ūpar oben;
ke ū. auf, über

V

vahāñ da, dort
vajah (w) Grund
vaqfā Pause

vaqt Zeit;
is v. se seit;
v. lagnā dauern
vazan Gewicht
vazīr Minister
vādī Tal
vājib gültig
vālā Besitzer
vālid Vater
vālidain Eltern
vālidā (w) Mutter
voh er, sie (Ez / Mz)
vuzārat (w) Ministerium

X

xabar (Mz: **axbār**) Nachricht;
x. denā benachrichten
xarāb kaputt; schlecht
xarīdnā kaufen
xat Brief
xatam: x. karnā, x. honā aufhören, beenden
xatt Linie
xaṯarnāk gefährlich
xaṯrā Gefahr
xauf Angst;
se x. lagnā sich fürchten vor
xazāñ Herbst
xālī leer
xāmosh ruhig
xāndān Familie
xās privat
xātmā Ende
xātūn (w) (Mz.: **xavātīn**) Frau
xemā Zelt
xilāf: ke x. gegen
xoshī (w) Feier;
x. karnā feiern
xudā Gott
xūb gut;
bahut x. ausgezeichnet
xūbsūrat schön, hübsch (Personen)
xūd selbst
xūsh fröhlich, glücklich, zufrieden;
x. honā sich freuen
xūshī (w) Glück
xvāhish karnā wünschen

Y

yahāñ hier
yahūdī Jude, jüdisch
ya'ni das heißt
yā oder
yād(gār) (w) Andenken, Erinnerung;
yād ānā (it) sich erinnern
yeh er, sie (Ez / Mz)
yunivarsiṯī [university] (w) Universität

Z

zabān (w) Sprache
zaxm Verletzung
zaxmī verletzt
zamadārī Schuld
zamīn (w) Erde
zarā bitte
zard gelb
zard-sā gelblich
zarūr! natürlich!, selbstverständlich!
zarūrat: kī z. honā brauchen
zarūrī nötig, notwendig, wichtig;
z. hai es ist dringend
zetūn Olive
zindagī (w) Leben
zor se laut
zukām Grippe

Der Autor

Daniel Krasa wurde 1976 in Wien geboren und interessiert sich seit seinem 15. Lebensjahr für orientalische Sprachen. Zwischen 1999 und 2002 studierte er an mehreren indischen Universitäten diverse nordindische Sprachen und bereiste extensiv den Subkontinent. Mit dem Urdu beschäftigte er sich ausgiebig während seines Studiums an der Jamia Millia Islamia Universität in Delhi

Zur Zeit arbeitet er als freier Autor und Dokumentarfilmer und „erkundet“ weiterhin unaufhaltsam unseren Planeten. Von Daniel stammen im Reise Know-How Verlag auch mehrere Kauderwelsch-Bände zu weiteren nordindischen Sprachen, zum Arabischen sowie einige Städtereiseführer.